FUERTEVENTURA

Raimundo Rodríguez
Rafael Paredes

RAI S Ediciones

Titel: FUERTEVENTURA
Redaktion: Rafael Paredes und Raimundo Rodríguez
Mitarbeiter: Sofía Menéndez
Miguel Pizarro
Eduardo Rodríguez
Rosa Luján
Ely López
Carmen Román
Rosario Cerdeña
Lidia Soto
Rosa Guerrero
Fotos: Raimundo Rodríguez
Miguel Pizarro (Fische)
Sofía Menéndez (*Raubwürger, Kragentrappe*)
Luftaufnahmen: Grafcán http://www.grafcan.com
Illustrationen: José Alfonso Madrid
Übersetzungen: Deutsch: Martin Kreutzer martinkr@telefonica.es
Englisch: Carl Mac Gabhann / Sally Ann Taylor
Fotosatz, Druck und Einband:
Tecnographic S.L.
Polígono Industrial Calonge
C/ Metalurgia, 87
41007 Sevilla
+34 954 35 00 03 - +34 954 35 66 62 - Fax: +34 954 43 46 24
Erste Ausgabe: Juli 1993
Zweite Ausgabe: April 1994
Dritte Ausgabe: August 1996
Vierte Ausgabe: Dezember 1997
Fünfte Ausgabe: Januar 2002
Sechste Ausgabe: Mai 2007
Siebte Ausgabe: Juli 2009
I.S.B.N.: 978-84-92829-02-6
Gesetzl. Reg.-Nr.: SE-3921/2009
Herausgeber und Vertreiber: RAI Ediciones
C/ García Hernández, 7
35630 Antigua. Fuerteventura. España
+34 928 87 83 09 - +34 608 15 84 51
e-mail: rai.mundo@jet.es
http://web.jet.es/rai.mundo

INHALTSVERZEICHNIS

EINFÜHRUNG

Fuerteventura ist viel mehr als ein Ort, wo man Strandferien verbringen kann. Wenn Sie das eigentliche Wesen der Insel entdecken möchten, dann vertiefen Sie sich in die Lektüre dieses Buches und entdecken Sie, zusammen mit seinem Autor, die tiefer liegende Schönheit der Insel, seiner Naturschätze und seiner Menschen.

Wenn man dieses Buch aufschlägt, öffnet man gleichzeitig die Tür zur Insel Maxorata*. Über die Sensibilität, die Zuneigung und die Erlebnisse des Erzählers, der jahrelang „auf Schusters Rappen" die Schluchten, Strände, Orte und die Geschichte der Insel erforschte, findet man den Zugang zu ihr und ihren Menschen, von deren Ausstrahlung sich der Autor, im Guten wie im Schlechten, gefangen nehmen ließ.

Wenn die Sonne untergeht, lieber Leser, ziehen Sie sich nicht in Ihre Unterkunft zurück, sondern steigen Sie auf den höchsten erreichbaren Punkt und genießen Sie die Farbenpracht dieses lebendigen Museums. Entdecken Sie den Frieden und die Ruhe Fuerteventuras, einen Schatz, der immer mehr vom Massentourismus bedroht wird.

Fuerteventura ist ohne Zweifel die wildeste und unberührteste Insel des kanarischen Archipels, eine Tatsache, die sie weitaus attraktiver macht als jede, von Menschenhand geschaffene Touristenattraktion.

Folgen Sie einer der in diesem Buch beschriebenen Reiserouten und lassen Sie sich einfangen von der teils afrikanisch anmutenden Landschaft der Insel, von der kargen Trockenheit und den ältesten Vulkanen der Inselgruppe.

Schwimmen und Tauchen im türkisfarbenen Meer, an den Stränden, die in diesem Buch beschrieben sind, ist ein einmaliges Erlebnis. Es ist die beste Therapie, um den Geist neu zu beleben und um sich von aufreibenden und stressigen Arbeitstagen zu erholen.

Nach einer langen Wanderung oder nach einem Tag am Strand sollten Sie, mit einem gesunden Appetit, die Produkte der heimischen Gastronomie probieren. Fahren Sie nicht weg, ohne den hiesigen Käse, die Tomaten, eine Pella de Gofio, eine Fischbrühe, einen gegrillten Papagaienfisch oder eine der vielen anderen Spezialitäten probiert zu haben.

Die Vielfältigkeit ist ein Merkmal, das nicht nur in der Gastronomie und in der Natur vorherrscht. Auch die Kultur der Bewohner hat viele interessante Aspekte, wie z. B. das Kunsthandwerk und zahlreiche Sitten, die noch von den Ureinwohnern stammen, wie z. B. der jährliche Abtrieb in Cofete, bei dem die frei lebenden, halbwilden Ziegen zusammengetrieben werden.

Fuerteventura ist eine einzigartige Insel, eine eigene Welt, wo man viel lernen und wo man seinen Horizont erweitern kann.

Wenn Sie, lieber Feriengast, wieder zu Hause sind, werden Sie sicher Sehnsucht verspüren, und sicherlich wird Ihnen dieser Führer als Souvenir dienen. Ein berühmter Denker, der Anfang des letzten Jahrhunderts auf der Insel im Exil lebte, schrieb folgendes über die Insel: „... Für mich war Fuerteventura eine Oase, eine Oase wo mein Geist vom Wasser des Lebens trank und wo ich erfrischt und bestätigt wurde, um meine Reise durch die Wüste der Zivilisation fortzusetzen...". Wenn Sie den Ratschlägen des Buches, das Sie in Händen halten, folgen, werden Sie ebenso fühlen wie dieser alte Professor.

* Alter Name für Fuerteventura

Sofía Menéndez

GEOLOGIE

Fuerteventura ist eine Insel des kanarischen Archipels, einer Gruppe von vulkanischen Inseln im östlichen Atlantik, im Nordwesten des afrikanischen Kontinents.

Für den Ursprung der Inseln gibt es derzeit sieben Theorien; die neuste und komplexeste Theorie besagt, dass ein kombinierter Prozess aus unterseeischen Eruptionen und Auffaltungen der Erdrinde unter dem Meer stattfand. Der Stillstand der afrikanischen Scholle hatte eine Kompression der atlantischen Scholle zur Folge. Die austretenden Lavamassen folgten Rissen mit einer dominanten Richtung, die die heutige Form und Struktur der Inseln sowie ihre Anordnung untereinander und die Ausrichtung der Gesteinsgänge bestimmten.

Die vulkanische Aktivität ist nicht und war auch nie kontinuierlich. Die verschiedenen Eruptivperioden reichen vom Miozän bis vor wenige Tausende von Jahren. Die Insel erhält ihre heutige Struktur im Pliozän-Pleistozän. Bei den Materialien, die an die Meeresoberfläche kamen, kann man eine erste Unterscheidung treffen zwischen dem Inselsockel (Basiskomplex) und anderen, basaltischen Materialien, die bei überirdischen Vulkanausbrüchen ausgeworfen wurden.

Der Basiskomplex, der im mittleren Westteil der Insel zutage tritt, setzt sich aus plutonischem Sedimentgestein, halbvulkanischem und unterseeischem Vulkangestein zusammen. Die Sedimentgesteine waren Teil der unterseeischen Erdrinde und besitzen ein Alter von ca. 100 Millionen Jahren (Kreidezeit), d. h., sie entstanden viel früher als die vulkanischen Schichten und fallen mit der Öffnung des Atlantischen Ozeans zusammen.

Das hohe Alter des Basiskomplexes impliziert eine stärkere Erosion. Hinzu kommt, dass er lange Zeit unter dem Meer lag und hieraus ergibt sich eine sehr sanfte Topografie mit hügeligen, abgerundeten Formen.

Die ersten Eruptionen an der Meeresoberfläche liegen möglicherweise 20 Mill. Jahre zurück. Genauere Untersuchungen deuten auf einen Zeitpunkt vor etwa 17 Mill. Jahren hin.

Die vulkanischen Perioden lassen sich in 4 Serien oder, was das Gleiche ist, in zwei Zyklen und die Periodeder jüngsten vulkanische Tätigkeit unterteilen.

Die Serie I (alte Serie oder erster vulkanischer Zyklus) besteht aus sehr altem Eruptivgestein (Miozän - Tertiär) und ist praktisch auf der ganzen Insel zu finden. Diese erste vulkanische Etappe begann vor ca. 17 Mill. Jahren und endete vor ca. 12 Mill. Jahren. In dieser lang andauernden Episode traten basaltische Materialien aus Erdrissen aus und bildeten riesige vulkanische Formationen, die aus Tausenden von übereinandergeschichteten Lavaströmen bestehen.

Das Aussehen dieser ersten oberirdischen Vulkanformationen ist unverwechselbar und sie bilden, trotz der intensiven Erosion, immer noch

Lage der Kanarischen Inseln. Dominante Strukturmerkmale

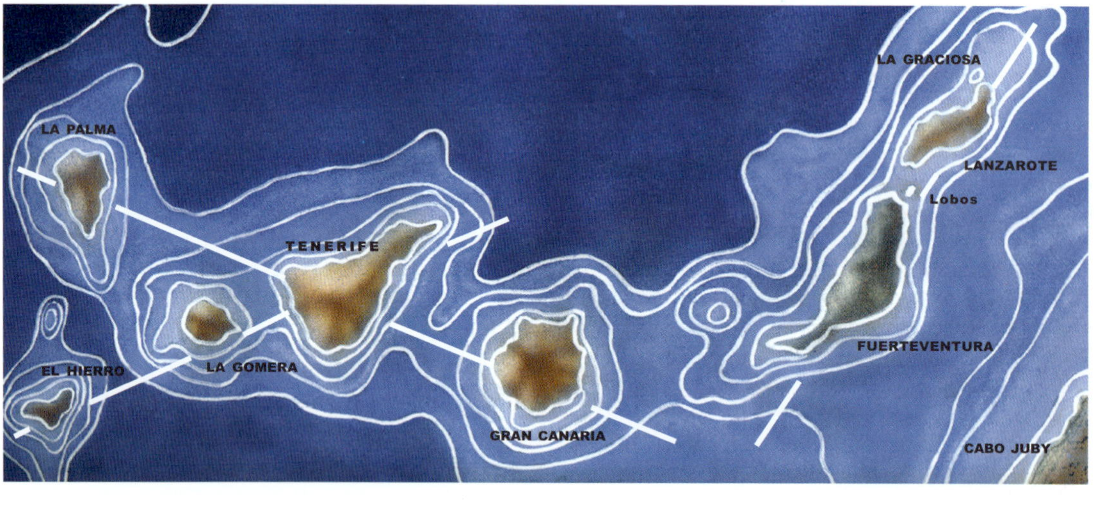

Zentraler, östlicher Sektor Fuerteventura, Basiskomplex. Gemeinde Pájara

Basaltfelsen und vom Meer erodierter, verhärteter Sand am Strand von Cofete

Struktur aus versteinertem Sand

die höchsten vulkanischen "Gebäude" der Insel. Die Halbinsel Jandía ist eines dieser Gebäude, die aus Tausenden von Lavaschichten bestehen, durchzogen von zahlreichen Gesteinsgängen, die die Formationen durchtrennen. Die derzeitige Halbinsel war vorher eine Insel, die durch eine jüngere und niedrigere Landenge mit Fuerteventura verbunden wurde.

Die übereinandergeschichteten Lavamassen bilden zerklüftete Formen, die durch Auswaschungen abgerundet und durch Schluchten, Felstische, Felsnadeln und einzelne Felsen unterbrochen werden. Das Typischste der Formationen aus der alten Serie sind die U-förmigen Täler, von denen einige durch jüngere Eruptionen aufgefüllt wurden und somit das Landschaftsbild veränderten (Pozo Negro, Barranco del Valle de la Cueva, etc.).

Nach einer langen Ruhephase begann die vulkanische Aktivität wieder vor ca. 5 Mill. Jahren. Diese Eruptionsserie dauert fast bis in die heutige Zeit (0,01Mill. Jahre, Pleistozän-Quartär). Diese vulkanische Epoche läßt sich in zwei Perioden unterteilen (die Serien II und III oder der zweite vulkanische Zyklus). Die Serie II bedeckt weite Gebiete im Zentrum und im Norden der Insel. Die sich daraus ergbenden Formationen sind weitaus sanfter als die vorangegangenen. Die Lavaströme bedecken weite Flächen und bilden Ebenen. Basaltformationen aus dieser Serie schließen oft dicke Kalkschichten ein, die manchml von einer Lehmschicht bedeckt sind. Diese Kalkschichten aus Kalziumkarbonat (CO_3Ca) weisen auf feuchtere klimatische Gegebenheiten als die heutigen hin. Diese Serie und die Serie III, die vor allem den Nordosten der Insel bedeckten, besteht aus fragmentierteren Ausbrüchen und zeigt einen höheren Anteil an Steinen und Lavabrocken.

Die Serie IV oder der jüngste Vulkanismus fand vor wenigen tausend Jahren statt und schließt die letzten Eruptionen auf Fuerteventura mit ein. Die Lava aus diesen Ausbrüchen bildete die sogenannten Malpaíses (schlechtes Land, Lavafelder). Die ausgedehntesten Malpaíses liegen im Norden und im Zentrum der Insel.

Da die Insel über lange Zeit praktisch keine geologischen Aktivitäten zu verzeichnen hat, findet man hier ein ausgezeichnetes Beispiel für eine vulkanische Morphologie, die über lange Zeit von der Erosion umgeformt wurde. Die spärliche Vegetation erlaubt uns, diese Prozesse und die verschiedenen geologischen Einheiten in aller Klarheit zu beobachten.

Ein weiterer, bemerkenswerter Aspekt in der Geologie von Fuerteventura ist die große Zahl von erhöhten, flachen Stränden (aufgestiegene, erodierte Plattformen), die das Auf und Ab des Meeresspiegels und somit die wiederholten Veränderungen der Küstenlinie wiederspiegeln. Diese erodierten und nicht sehr dicken Plattformen bildeten den Lebensraum für zahlreiche Organismen, deren Reste einen großen Anteil am hellen Sand ausmachen. Dieser Sand lagert sich an den Stränden und Küstenebenen ab und wird vom Wind ins Landesinnere transportiert, wo er sich wiederum ablagert und große Dünenfelder bildet, die sogenannten "Jables" (Jandía, Corralejo und El Cotillo).

GEOLOGISCHE SÄULE. Die Geologen teilen die Erdgeschichte in drei Äonen ein:

Äon	Zeitalter	Periode	Beschreibung	Epoche	Zeit
ARCHAIKUM Erdaltertum			Die Welt hatte schon einige Kontinentalfelsen, einen Ozean und eine Atmosphäre. Vor 3,5 Milliarden Jahren erscheint das Leben in Form von Algen und Bakterien.		4,6-2,5 Mrd.
PROTEROZOIKUM Äon des primitiven Lebens			Es erscheinen die großen Kontinente und Ozeane. Vor 1,8 Milliarden Jahren produzieren die Algen genügend Sauerstoff, der sich im Meer und in der Atmoshäre zu akkumulieren beginnt.		2,5Mrd-600 Mill.
PHANEROZOIKUM Äon des sichtbaren Lebens (600 Mill. bis heute) Komplexe und moderne Lebensformen. Nach Arten und Formen unterteilt sich dieses Äon in Zeitalter:	**Paleozoikum oder Primär** (600-248 Mill.) Die Zeitalter unterteilen sich in Perioden:	**Kambrikum**	Alles Leben spielte sich im Wasser ab. Im Allgemeinen wärmer als heute. Die Berge falteten sich auf und die Vulkane stießen sehr viel Lava aus.		600-505 Mill.
		Ordovizikum	Kontraktion der Ozeane und Erscheinen der ersten Kontinente. Trilobiten, primitive Korallen und viele andere wirbellose Tiere. Fische ohne Kiefer.		505-440 Mill.
		Silur	Durch marine Sedimente entstehen riesige Erdölvorkommen. Erste Pflanzen und Landtiere.		440-408 Mill.
		Devon	Fossilien aus dieser Zeit enthalten die ersten Süßwasserfische und die ersten Amphibien. Es erscheinen die ersten Wälder.		408-360 Mill.
		Karbon	Bekommt seinen Namen durch die Kohlenflöze, die entstehen: Es handelt sich um Reste von tropischen Wäldern. Europa und Nordamerika stoßen mit Südamerika zusammen. Die Antarktis, Australien, Südamerika, Afrika und Indien werden von Eis bedeckt.		360-286 Mill.
		Perm	Vereinigung der Kontinente zu einem Superkontinent. Die Gletscher weichen nach Süden zurück.		286-248 Mill.
	Mesozoikum oder Sekundär (248-65 Mill.) Zeitalter der Saurier	**Trias**	Bruch des Superkontinents. Große Amphibien (1 m.) u. entwickelte Reptilien(1'5 m.).		248-213 Mill.
		Jura	Heißes Klima. Erste Vögel und Säugetiere erscheinen. Große, pflanzenfressende Saurier. Es bilden sich die derzeitigen Kontinente.		213-144 Mill.
		Kreide	In dieser Zeit entstehen 60% der derzeit bekannten Erdölreserven. Blumen mit Blüten und große, fleischfressende Saurier. Massives Sterben der Saurier und anderer Arten, vielleicht durch den Einschlag eines großen Meteoriten.		144-65 Mill.
	Känozoikum oder Tertiär (65-2 Mill.)	**Paleogen** (65-24,6 Mill)	Die Kontinente nehmen ihre heutige Form an. Vögel und Säugetiere bevölkern die Erde. Aufgeteilt in drei Epochen	**Paleozän**	65-55 Mill.
				Eozän	55-38 Mill.
				Oligozän	38-24,6 Mill.
		Neogen (24,6-2 Mill.).	Die heutigen Gebirge werden durch tektonische Bewe-gungen aufgefaltet. Die Bewegung der kontinentalen Schollen, das Entstehen von Gräben und vulk.Eruptionen lassen unzählige Inseln entstehen, unter ihnen die **Kan. Inseln**.	**Miozän**	24,6-5 Mill.
				Pliozän	5-2 Mill.
	Anthropozoikum oder Quartär (2 Mill. J.- heute)		Mehrmaliges Vordringen und Rückzug der Gletscher. Die letzten großen Eiskappen schmelzen vor etwa 10.000 Jahren. Der Meeresspiegel steigt. Der Mensch entwickelt sich und Fauna und Flora werden weniger.	**Pleistozän oder Eiszeit**	2-0,01 Mill.
				Holozän oder Neuzeit	10.000 bis heute

INSELRELIEF

Fuerteventura ist die längste Insel des Archipels mit ungefähr 100 Km Ausdehnung zwischen der *Punta de la Tiñosa* im Norden und der *Punta de Jandía* im Süden. Sie ist die zweitgrößte mit einer Oberfläche von 1660 Km^2, einschließlich der 4,38 Km^2 der *Isla de Lobos* (zwischen Lanzarote und Fuerteventura).

Die Entfernung zu Afrika (Fuerteventura liegt von allen Inseln am dichtesten bei diesem Kontinent) beträgt, zwischen der *Punta de la Entallada* und dem *Kap Jubi* bei *Seguía-el-hamra* in der Westsahara, weniger als 90 Km.

Im äußersten Nordosten der Insel liegt die kleine *Isla de Lobos*, die ihren Namen von den früher dort lebenden Seehunden (lobo marino) hat. Diese kleine Insel liegt nur 2 Km von Fuerteventura entfernt und die Wassertiefe in der Meerenge beträgt nur 9-13 m. (El Río=der Fluß).

Fuerteventura und Lanzarote werden durch die Meerenge von *Bocaina* getrennt, die an ihrer engsten Stelle 10 Km breit und durchschnittlich 35-40 m tief ist. Die Entfernung zwischen *Jandía* und *Gando* auf Gran Canaria beträgt ca. 80 Km.

Formation aus verhärtetem Sand

Die genaue Lage auf der Nordhalbkugel ist: Zwischen 28º45'04"und 28º02'16"nördlicher Breite und zwischen 13º49'12" und 14º30' 24"östlicher Länge.

Die heutige Landschaft ist das Ergebnis aus Konstruktion (Vulkanismus) und Destruktion (Erosion).

Wie schon vorher erwähnt zeichnet sich Fuerteventura durch ein ausgereiftes, wenig gebirgiges Relief aus. Die höchste Erhebung ist der *Pico de la Zarza* mit 807 m auf der Halbinsel Jandía, eine alte vulkanische Formation. Das Massiv von *Betancuria*, das zum Basiskomplex gehört und

Dünenbildung durch Sandanhäufung im Südwesten

Barranco de la Peña

dessen höchste Erhebung der *Pico de la Atalaya* (762 m) ist, ist der gebirgigste Teil der Insel.

Im Norden der Insel, einer, geologisch gesehen, neueren Zone, erstreckt sich ein *Malpaís*: Lavamassen, die von Vulkanen aus dem Quartär ausgestoßen wurden und aus denen der *Montaña la Mancha* (151 m), der *Montaña San Rafael* (117 m) und der *Bayuyo* (269 m) herausragen. Ebenfalls erwähnenswert ist das *Malpaís de Arena*, das sich aus Lava und Sand aus dem *Montaña de Arena* zusammensetzt. Im Inneren der Insel, zwischen *Tiscamanita und Tuineje*, gibt es zwei weitere *Malpaíses*, die sich durch neuere Eruptionen

Roque del Moro bei Cofete

gebildet haben: Das *Malpaís Chico*, dessen Lavamassen aus dem *Caldera de Gairía* (461 m) stammen, und das *Malpaís Grande*, das durch Ausbrüche des *Caldera de la Laguna* (301 m), des *Caldera de Liria* (254 m) und des *Caldera de los Arrabales* (242 m) entstanden ist.

Zwei weitere Vulkane, im Nordosten der Insel, verdienen Aufmerksamkeit: Der *Montaña Roja*, eine alleinstehende Erhebung von 312 m und der *Montaña Escanfraga*, der höchste Vulkan (531 m) auf Fuerteventura.

Weite Bereiche der Insel sind mit organischem Sand bedeckt und bilden ausgedehnte Dünenfelder (Jables), vor allem in Corralejo im Nordosten des Gemeindegebietes von La Oliva und an der Landenge Istmo de la Pared im Süden. Dieses Phänomen ist vor allem bei der Morphologie der Küsten bedeutend, denn weite Teile von ihr sind von ausgedehnten Stränden bedeckt.

Im Westen der Insel befindet sich das Massiv von Betancuria mit den drei zentralen Hauptschluchten (*Barrancos*): *La Peña, Ajui* und *Pájara*. In die letztgenannte mündet die Schlucht *Barranco de las Peñitas*, eine sehr tiefe und historische Schlucht, denn durch sie zogen *Béthencourt* und *Gadifer de La Salle*, vom Hafen *Puerto de la Peña* kommend, ins Landesinnere,

Klippen im Nordwesten

um die Insel zu erobern. Dort befinden sich die Kapelle *Ermita de Nuestra Señora de la Peña*, der Schutzpatronin von Fuerteventura und der Stausee *Embalse de las Peñitas,* an einem Engpaß, der *Mal Paso* genannt wird.

Im Osten der Insel, zwischen *Montaña Roja* und *Pozo Negro*, findet man niedrige, terassenförmige Formationen mit zahlreichen Stränden, wie zum Beispiel *Playa Blanca, El Matorral* und *Caleta de Fustes*.

Von *Pozo Negro* bis zur Landenge *Istmo de la Pared* zieht sich eine Steilküste, die von Buchten und Stränden unterbrochen wird, wie zum Beispiel *Gran Tarajal, Giniginámar und Tarajalejo* bis nach *Matas Blancas,* wo die herrlichen Strände von *Sotaviento de Jandía* beginnen, mit weißen Dünen und smaragdfarbenem Wasser.

Ebenfalls an der Ostküste steht der *Cuchillo de la Entallada* (283m), der zum Meer hin eine sehr hohe Klippe bildet. Auf ihm steht ein Leuchtturm (*Faro de la Entallada), der* den Afrika am nächsten gelegenen Punkt darstellt und eine bemerkenswerte Bauweise aufweist.

Die weiten Ebenen im Inneren sind ausgesprochen charakteristisch für die Insel und sind die größten der gesamten Inselgruppe. Es sind dies die

Valle de Río Palmas. Basiskomplex

Die Ebene Llanos de Casillas del Angel

sogenannten *paisajes extensos* (ausgedehnte Landschaften), deren Ökosysteme sehr zerbrechlich sind, vor allem bedingt durch die Trockenheit und die Winderosion.

Die Halbinsel Jandía, im Südwesten, bildet eine vom Rest der Insel unabhängige Einheit. Sie beginnt bei der Landenge *Istmo de la Pared*, einer nicht sehr hoch gelegenen und von Sand und Dünen bedeckten Landschaft. In dieser Gegend findet man die längsten und schönsten Strände der Insel und der gesamten Inselgruppe. Im Norden der Halbinsel liegen die Strände der Windseite (Barlovento) der Insel. Im Westen, daran anschließend, liegt die *Playa de Cofete*, die sich bis zum *Roque del Moro* erstreckt. Sie endet an der *Punta Pesebre*, bei der die sehr steile und beeindruckende Klippe *Caleta de la Madera* liegt, einer der grandiosesten und am wenigsten entdeckten Orte der Insel. Zwischen der *Punta Pesebre* und der *Punta de Jandía* mit dem Leuchtturm *Faro de Jandía* erstreckt sich die *Playa de Ojos*. Von *Morro Jable* im Süden bis zur *Punta de los Molinillos* an der Landenge, erstrecken sich

Das Malpaís Grande und die Vulkane, die es bildeten: Caldera de la Laguna, C. de Liria u. C. de los Arrabales

die Strände der Windschattenseite (Sotavento) von Jandía.

Die Halbinsel ist von zahlreichen, tiefen Schluchten (Barrancos) durchzogen, die auf dem Bergrücken zwischen Barlovento und Sotavento beginnen und nach Sotavento hin abfallen, unter ihnen der *Barranco del Ciervo,* der *Barranco de los Canarios, Barranco del Mal Nombre* und die Barrancos *del Esquinzo* und *Butihondo*, die vom *Pico de la Zarza* herabführen.

Wie schon oben gesagt, die Küste ist äußerst abwechslungsreich: niedrige Terrassen und steile Klippen wechseln sich mit zahlreichen Stränden mit unterschiedlichen Merkmalen ab.

Abhängig von den vorherrschenden Winden unterscheidet man die Windseite und die Windschattenseite der Insel. "Barlovento" bedeutet "gegen den Wind", das heißt Wind vom Meer und "Sotavento" bedeutet "im Windschatten", das heißt Wind vom Land. Aus diesem Grund

Dünenfelder (Jables) von Corralejo

sind die Strände von Barlovento rauh und ungemütlich, während die Strände von Sotavento ruhig und angenehm sind. Die Ruhe der Strände von Sotavento verleiht den Badegästen Sicherheit und schafft ein Paradies für alle Freunde des Wassersports. Auch die Touristenzentren liegen auf dieser Seite der Insel.

Einige Strände sind auf Grund ihrer Größe, Zugänglichkeit und Einrichtungen besonders erwähnenswert:

Bucht bei El Cotillo

Playa Blanca: Strand mit gelbem Sand zwischen Flughafen und Puerto del Rosario. Hinter dem Strand ist ein Dünenfeld, dessen Dünen in der Vegetation (Balancones) verankert sind und das sich bis zum Barranco Río Cabras zieht.

Caleta de Fustes: 10 Km südlich vom Flughafen. Strand mit gelbem Sand, der in einer natürlichen Senke liegt, die nach SO offen ist. Bei diesem Strand liegt die Feriensiedlung El Castillo, eine der größten der Insel. Alle Dienst-leistungen sind vorhanden, auch ein Sporthafen sowie Tauch- und Surfschulen.

Playa de Gran Tarajal: Strand mit schwarzem Sand, in der Mündung des gleichnamigen Barranco. Hinter dem Strand gibt es eine kleine Senke mit einer typischen Vegetation für salzige Böden. Im Inneren des Barranco findet man zahlreiche Palmen und Tamarisken, die um die alten Terassen gepflanzt wurden.

Playa de Giniginámar: Strand mit schwarzem Sand und Steinen beim Fischerdorf Giniginámar, in der Mündung des gleichnamigem Barranco. Hinter dem Strand gibt es einige Palmen,

Playa Blanca

Tamarisken und einige dornige Sträucher vom Typ Matamoros.

Playa de Tarajalejo: Strand aus schwarzem Sand, der viel größer als die von Gran Tarajal und Giniginámar ist, beim Dorf Tarajalejo, in der Mündung des gleichnamigen Barranco. Die Talsohle ist, ähnlich wie im Barranco de Gran Tarajal, mit einem Palmenhain bewachsen, der jedoch kleiner ist als der von Gran Tarajal. Da der Strand nahe beim alten Fischerdorf und den Feriensiedlungen liegt, hat man in der Nähe des Strandes jedwede Dienstleistung zur Verfügung.

Strände auf der Windschattenseite (Sotavento) von Jandía: Am Fuß des südöstlichen

Caleta de Fustes

Strand und Dorf Gran Tarajal

Teils des Massivs von Jandíaliegen die ausgedehntesten Strände der Kanarischen Inseln. In diesem Küstenbereich, der von Costa Calma bis nach Morro Jable reicht, liegen die Strände von Matorral, Butihondo, Esquinzo, Mal Nombre und Sotavento. Die wichtigsten Touristenzentren liegen an diesem Küstenabschnitt. Hier konzentriert sich der größte Teil der Feriengäste auf der Insel. Die Strände, die eine große Anziehungskraft für den Besucher besitzen, liegen in einer unvergleichlichen natürlichen Umgebung. Große Dünen, Strandseen, Salzwiesen und die zugehörige Fauna bilden ein komplexes Biotop. Die Küste wächst langsam ins Meer durch die Bildung von Sandbarrieren, hinter denen sich Strandseen bilden, die periodisch überflutet werden. Aus ihnen ragen kleine Sandhügel, auf denen kleinere Ansammlungen von salzliebenden Pflanzen wachsen. Weiter im Inneren, ebenfalls im Zusammenhang mit diesen Strandseen, bilden sich kleinere Tümpel und zahlreiche Kanäle, bei denen zahlreiche Pflanzen wachsen und wo viele Seevögel ihren

Strand und Dorf Giniginámar

Playa de Tarajalejo

Lebensraum haben. Diese so genannten "Salzwiesen" sind als Feuchtgebiete von größtem ökologischem Interesse. Die Salzwiese (Saladar) von El Matorral wird als die bedeutendste der gesamten Inselgruppe angesehen.

Playa de Juan Gómez: Kleiner Strand mit hellem Sand in der Mündung des Barranco de Juan Gómez. Man kommt an diesen Strand, indem man eine kleine Abzweigung ca. 300 m vor der Gabelung der Piste, die Morro Jable mit der Punta de Jandía und Cofete verbindet, nimmt. Dieser Strand, mit einer Ausdehnung von rund 400 m besitzt die gleichen Vorzüge wie die anderen Strände auf der Leeseite. Die Umgebung dieses

Strand auf der Windschattenseite (Sotavento) von Jandía

Playa del Matorral

Strandes ist reinste Natur und in der Gegend gibt es weitere kleine Buchten. Auf der Anhöhe des Einschnitts sieht man einige sogenannte Meertrauben (Uvas de Mar) und etwas weiter im Landesinneren, auf Hügelrücken, die aus heterogenem Sedimentgestein und Kalkböden bestehen, findet man eine Vegetation aus dornigen Sträuchern.

Playa de Los Ojos: Kleiner Strand mit gelbem Sand am Fuß eines Einschnitts, aus dem Gesteinsgänge bis ins Meer vorspringen. Im Landesinneren erstrecken sich die Ebenen Llanos del Cotillo und La Angostura, ein weites Gebiet aus verhärtetem Sand und kleinen Dünen, die sich an der Vegetation gebildet haben. Man kommt zu diesem Strand, wenn man die Landstraße nimmt, die in der Nähe des Leuchturms beim Dörfchen Puertito de La Cruz beginnt und an der Punta de Pesebre endet. Die Klippen sind hier ca. 10 m hoch und man muss beim Abstieg äußerst vorsichtig sein, denn der Zugang ist etwas schwierig.

Strände auf der Windseite (Barlovento) von Jandía. Cofete: Zwischen dem Roque del

Strand auf der Windschattenseite von Jandía

Strand auf der Winschattenseite von Jandía. Barranco del Salmo

Moro und der Punta Paloma, am Fuß des Jandía-Massivs, erstreckt sich eine 14 Km lange Küste mit goldgelbem Sand. Wie schon oben erwähnt, ist die Luvseite der Insel 'wilder' und oft herrschen starke Winde vor, die das Baden und den Wasersport ziemlich gefährlich machen. Wenn man von Morro Jable vom Fischerhafen losfährt, kommt man nach 40-50 Min. zu den Häusern von Cofete, wo man sehr gut essen kann. Sonst gibt es keinerlei Dienstleistungen in der Nähe des Strandes. Der einsame Strand ist ideal für Leute, die Ruhe, Einsamkeit und offene Landschaften lieben. Die Playa de Cofete und die Playa de Barlovento, die von einer kleinen Insel getrennt werden, liegen in einer der geologisch interessantesten Gebiete der Insel, am Fuß hoher vulkanischer Komplexe, die vom Pico de La Zarza (807 m) gekrönt werden. Über der typischen Vegetation der Sandflächen sieht man weiter oben an den Hängen einige Ansammlungen von Kardonen (kaktusähnliche Wolfsmilchgewächse). Weiter oben auf den Kämmen und benetzt durch die Feuchtigkeit der Winde, findet man einen botanischen Schatz, den sogenannten Monteverde.

Strand auf der Winschattenseite von Jandía

Playa del Viejo Rey: Dieser Strand liegt am äußersten Nordende der Zone, durch die der Sand, der den Jable am Isthmus bildet, hereingeweht wird. Ein Strand mit gelbem Sand, der sich am Fuß eines Einschnitts befindet, mit großen Dünen, die sich, vom Wind getrieben, weit ins Landesinnere erstrecken. Im Süden sieht man, wie an einer Perlenkette aufgereiht, viele kleine Strände, die in einigen Fällen nur bei Ebbe sichtbar werden.

Playa de La Pared : Dieser Strand befindet sich direkt neben der Playa del Viejo Rey und bildet einen scharfen Kontrast mit ihm. Der Strand besteht aus schwarzem Sand, der aus einem

Playa de Juan Gómez

Playa de Los Ojos

Barranco "herausgeflossen" ist und an den Hängen des Bermassivs gemahlen wurde. An diesem Strand gibt es mehrere Feriensiedlungen.

Playa de El Aljibe de la Cueva: Jarugo, Tebeto, Esquinzo, El Aguila und El Aljibe de La Cueva bilden eine Ansammlung von Stränden am Fuß des Masivs von Betancuria. Der Strand Playa de El Aljibe de La Cueva, in der Nähe von El Cotillo, ist der längste mit ca. 2 Km und ähnlichen Merkmalen wie die vorstehend genannten. Die Strände liegen am Fuß einer Klippe (20 m) an den Mündungen von Barrancos, durch die das ganze Jahr hindurch Wasser fließt und die oft von Vögeln aufgesucht werden. Die etwas erhöhten Strände und die Plattform, die sich von den Klippen bis an das Gebirgsmassiv zieht, zeugen von den Veränderungen im Küstenverlauf, die sich im Laufe der Geschichte hier abgespielt haben. Die Gegebenheiten auf dieser nördlichen Seite der Insel erlauben eine biologische Vielfalt, die sich vor allem im Fischreichtum und den riesigen Miesmuschelvorkommen ausdrückt. Derselbe Wind, der diese Küsten beschützt hat, ist heute die Basis für die Ausübung von zahlreichen Wassersportarten.

Strand auf der Windseite von Jandía. Cofete

Playa del Viejo Rey

Playas de El Cotillo: Über die Nordküste von El Cotillo verstreut und in der Nähe des Leuchtturms von El Tostón gibt es eine große Anzahl von kleinen Stränden mit sehr hellem Sand: Caleta del Río, Caleta La Aduana, Caleta del Marrejo u.a. Die Winde sind hier konstant und die hohen Wellen bilden ruhige und klare Strandseen hinter dem Strand, die als natürliche Schwimmbäder dienen. An diesen Stränden kann man Küstenvögel beobachten, die sich dort ausruhen oder zwischen den angeschwemmten Algen nach Nahrung suchen. Die kleinen Sandinseln sind mit der für Salzböden typischen Vegetation bewachsen. Die Farbkontraste und die Lichtverhältnisse, die sich aus dem Aufeinandertreffen von Lava, Sand und Meer ergeben, sind nicht zu überbieten und bilden fast überirdische Landschaftsbilder.

Playas de Corralejo: Eine Ansammlung von Stränden aus hellem Sand, die den Naturpark von Corralejo umgeben, zwischen der Montaña Roja und Corralejo. Von der Küste ziehen sich Dünenfelder ins Landesinnere, die die Lavafelder, die von der Montaña Encantada gebildet wurden, teilweise zudecken. Die Landstraße, die Puerto del Rosario mit Corralejo verbindet, führt an diesen Stränden vorbei und die Aussicht, die man genießen kann, ist überwältigend. Einige große Dünen "kreuzen" die Landstraße, während andere hinter dem Strand von großen *Balancones* (Trajanum moquinii) festgehalten werden. Wie an den Stränden von El Cotillo kann man eine reiche Palette von Farben genießen, auf der das Smaragdgrün überwiegt, die Farbe des Wassers, das hier fast das ganze Jahr über sehr ruhig ist. Diese

Playa de La Pared

Playa de Cofete

La Pared

↓

zum Restaurant
Bahia La Pared fahren
(ab 17^{00} geöffnet)
von dort aus auf den
Felsen klettern, man
hat dort eine wunder-
schöne Aussicht!

Strände, zusammen mit denen der Halbinsel Jandía, sind die beeindruckendsten der Insel und deshalb auch die meistbesuchten. Jede Art von Service ist hier erhältlich und der konstante Wind begünstigt das Windsurfen und das Steigenlassen von Drachen, einem schönen Schauspiel, das dort oft zu bewundern ist. Auch die Taucher kommen auf ihre Kosten, denn in der Meerenge bei der Isla de Lobos gibt es spektakuläre Meeresböden.

Ein weiterer, erwähnenswerter geomorphologischer Aspekt liegt unter dem Meer. Fuerteventura besitzt von allen Inseln die größte unterseeische Plattform, die im Norden mit der von Lanzarote verbunden ist, und im Süden reicht sie von der *Punta de Jandía* mehrere Kilometer weit ins Meer. Auf beiden Seiten der Inselmitte, bei *Punta de la Entallada* und bei *Punta de la Herradura* hat sie eine beträchtliche Ausdehnung und wird von den Fischern *Placeres* (Vergnügen) genannt.

Playa de El Aljibe de la Cueva

Playa de La Pared

Der Grund der Plattform ist auf der Windschattenseite meist sandig und in Küstennähe und am Schelf, das die Fischer *Veril* nennen, felsig. Bis zu einer Tiefe von 30 m gibt es ausgedehnte, sandige Gebiete, die von grünen Pflanzen der Spezies *Cymodocea* bewachsen sind und von den Einheimischen *Manchones* (große Flecken) oder *Sebadales* genannt werden. Auf dem felsigen Meeresgrund gibt es ebenfalls ausgedehnte Gebiete, die aus verhärtetem Sand und fast flachen Felsen bestehen, die von den Fischern *Tableros* (Bretter) genannt werden. Einige weniger ausgedehnte Gebiete auf dem Meeresgrund sind mit Korallen bedeckt. Diese Gebiete sind immer nahe beim *Veril* (Schelf), in einer Tiefe von ungefähr 150 m.

Die Kontinentalplattform auf der Windseite ist weitaus felsiger und der Meeresgrund ist wenig bewachsen. Die Felsen, die auch *Bajones* genannt werden, ereichen eine Höhe von 20 m und ihre Spitzen sind bei ruhiger See sichtbar. Diese Art von Meeresgrund, mit einem zerklüfteten Relief, mit Höhlen und Ausbuchtungen, heißt auf Fuerteventura *Marisco bronco*, was so viel bedeutet wie *rauhes Meer*. Weist der Meeresgrund dagegen

Playa Negra

Playas de Corralejo

wenige Unregelmäßigkeiten auf, so spricht man vom *Marisco atablerado*, was so viel bedeutet wie *flaches oder glattes Meer*.

Die Plattform endet im allgemeinen sehr abrupt und ihr Abfall bis auf 200 m ist noch relativ sanft; ab dieser Tiefe jedoch bricht sie förmlich ab und fällt steil bis in sehr große Tiefen ab. An einigen Stellen ist die Uferböschung sehr steil, wie zum Beispiel vor dem Dorf *La Lajita*. Am Fuß des Verils, auf 500-600 m Tiefe, beginnt eine weniger steile Zone, die mit Schlamm und einzelnen Felsen bedeckt ist.

Die Morphologie der Meeresböden wird von den Strömungen bestimmt, die auf der Windseite sehr intensiv und kontinuierlich sind und meistens parallel zur Küste von NO nach SW fließen.

Playas de El Cotillo

Playa del Aguila

NATÜRLICHE RESSOURCEN

Klima. Die Insel hat ein Halbwüstenklima mit sehr geringen Niederschlägen (140 mm jährlich) und liegt im Bereich der Passatwinde. Die Temperaturen auf der Insel werden durch die vorherrschende Meeresströmung (kalte kanarische Strömung) deutlich gemildert, woraus sich eine durchschnittliche Jahrestemperatur von 20,16ºC mit geringen Temperaturschwankungen ergibt. Der kälteste Monat ist der Januar und der wärmste ist der August.

Bedingt durch die Lage in den Subtropen wird das Wetter auf den Kanarischen Inseln fast das ganze Jahr über von Hochdruckgebieten bestimmt. Die Inseln liegen unter dem Einfluss des Azorenhochs, das auch für die Passatwinde verantwortlich ist (NO). Da diese Winde lange Strecken über dem Meer zurücklegen, kommen sie

auf den Inseln beladen mit Feuchtigkeit und Salz an und bilden horizontale Wolken. Durch den Widerstand der Insel steigt die Windgeschwindigkeit, die durchschnittlich 23 Km/h beträgt.

Wenn sich das Hochdruckgebiet zurückzieht, ändern die Winde ihre Richtung und somit ihre Herkunft: Winde vom Atlantik (aus SO) oder polare Winde (aus N oder NO), die die Jahrestiefsttemperaturen,die Mehrzahl der Niederschläge und manchmal sintflutartige Regenfälle mit sich führen.

Playas de El Cotillo

Tropische Winde vom afrikanischen Kontinent: Auf der Insel werden sie "Südwetter" oder "Levante" genannt und bringen meist Staub aus der Sahara (Calima) mit sich.

Die relative Luftfeuchtigkeit bewegt sich zwischen 19% und 38%. Ein weiteres wichtiges Merkmal ist die hohe Zahl der Sonnenstunden, die jährlich bei ca. 2.800 liegt. Regenfälle sind selten und kommen nur in den Monaten von September bis Mai vor. Gewitter sind sehr selten. Die Wassertemperatur an der Oberfläche bei der Insel schwankt zwischen 17ºC und 23º C.

Leben und Evulotion auf der Insel.

Die Kanarischen Inseln sind Teil der biogeographischen Einheit, die allgemein als Makaronesien (griech. 'makaro' = glücklich, 'nesia' = Insel) bekannt ist. Sie setzt sich aus fünf atlantischen Inselgruppen (Azoren, Selvagens, Kanarische Inseln, Madeira, Kapverdische Inseln) zusammen. Diese Gebiete sind, was die Fauna und Flora anbetrifft, eng miteinander verwandt.

Der größte Teil der Pflanzen und Tiere der Kanarischen Inseln stammt aus Afrika und Europa. Während im Laufe der letzten Millionen

Feuchter Dunst über Cofete

Die **relative Luftfeuchtigkeit** ist der prozentuale Koeffizient aus der tatsächlichen Menge von Wasserdampf in der Luft bei einer bestimmten Temperatur und der Menge von Wasserdampf, die die Luft bei dieser Temperatur aufnehmen könnte.

Die **Windrose** zeigt die Häufigkeit der Winde aus verschiedenen Richtungen- ausgedrückt in %- und auf diese Weise ergeben sich monatliche oder jährliche Windrosen. In der Mitte liest man die Windstille (in %) ab. Die Windrose für die Insel Fuerteventura ist hier abgebildet.

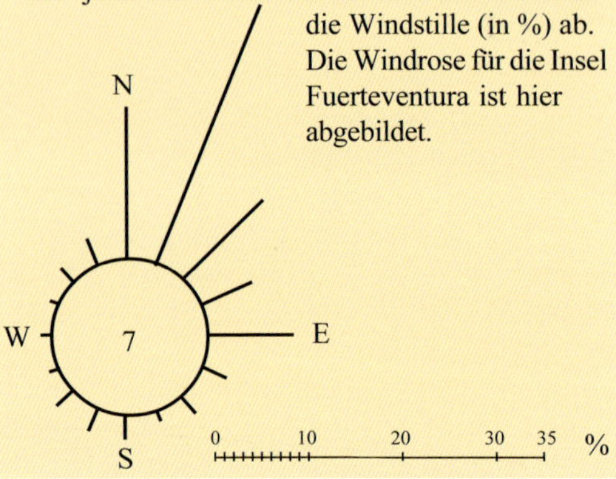

von Jahren die Fauna und Flora dieser Kontinente sich dauernd veränderte, um sich den veränderten klimatischen Gegebenheiten anzupassen, haben sich in Makaronesien, aufgrund des stabilen Klimas, viele Lebensräume erhalten, und dies hat verursacht, daß viele Arten, die anderswo aus ihren Lebensräumen verdrängt wurden oder sogar ganz verschwunden sind, in Makronesien weiter existieren und durch die Evolution aus ihnen sogar neue Arten entstanden.

Die Kanarischen Inseln sind zu einem Museum geworden, wo man, neben Ökosystemen und Lebewesen aus vorherigen Epochen, die Schaffenskraft der Natur und den Evolutionsverlauf auf Inseln beobachten kann. Wenn damals die vorgeschriebene Quarantäne Darwin nicht daran gehindert hätte, die Inseln zu besuchen, hätte er auf ihnen die Argumente für seine Beschreibung der Evolution gefunden, die er erst später auf den Galapagos-Inseln und an den Küsten Südamerikas finden sollte. Obwohl es auf den Kanarischen Inseln nicht viele Wirbeltiere gibt, so finden wir doch unter den Reptilen und den Vögeln ähnliche Exemplare, wie die, die dazu benutzt wurden, die berühmte Evolutionstheorie zu formulieren. Dieser relativen Armut an Wirbeltieren steht ein großer Schatz von Pflanzen und niederen Tieren gegenüber, der immer noch nicht ganz erforscht ist, und immer noch werden neue Arten entdeckt und in den Katalog der natürlichen Reichtümer der Kanarischen Inseln und der Welt aufgenommen.

Der biologische Reichtum der Kanarischen Inseln ist durch den Besuch und die Publikationen von berühmten Forschern (Humboldt, Webb, Berthelot, Viera y Clavijo...) dokumentiert, und ebenso durch die Tatsache, daß einige Teile des Archipels zum Kulturerbe der Menschheit (*El Cedro*) oder zum Naturreservat der Biosphäre (*Bosque de los Tilos, die Insel Lanzarote*) erklärt wurden.

Flora. Die endemische Flora auf Fuerteventura ist nicht sehr artenreich, wenn man sie mit dem Rest der Kanarischen Inseln vergleicht, wo es 650 Endemiten auf 7.200 Km² gibt. Vergleicht man sie jedoch mit Europa, so wird ihre Bedeutung schnell deutlich: Frankreich, mit einer Ausdehnung von 560.000 Km² hat 100 endemische Spezies, Großbritannien mit 250.000 km² hat 16 und Deutschland, mit 350.000 Km² hat ganze

Kanarischer Cardón (Euphorbia canariense)

Cardón von Jandía (Euphorbiaceae, Euphorbia handiensis)

6 Endemiten. Diese Daten lassen die große Bedeutung der Inselflora deutlich werden.

Die Vegetationsformen der Kanarischen Inseln sind in "Stufen" eingeteilt, bedingt durch die feuchten Passatwinde und die Höhenstruktur der Inseln. Lanzarote und Fuerteventura sind kaum höher als 700m über NN., was bewirkt, daß die Passatwinde über die Inseln wehen, ohne ihre Feuchtigkeit abzuladen. Während man auf den höheren Inseln des Archipels Wälder vorfindet, ist Fuerteventura ein einzigartiges Beispiel von Leben in der Halbwüste der sogenannten Kanarischen Basisstufe. Die Vegetationsdecke der Insel ist äußerst dünn und hierzu hat nicht nur das trockene Klima beigetragen, sondern auch eine starke Überweidung. Außerdem gibt es weite Gebiete, die bei historischen und prähistorischen Vulkanausbrüchen mit Lava bedeckt wurden und in denen die Zeit für die Entwicklung einer neuen Vegetation zu kurz war.

Jorjado oder Tojía (Odontospermun sericeum)

Trotz alledem, Fuerteventura war in der Vergangenheit die Kornkammer der Kanarischen Inseln und besaß eine bedeutende Anzahl von Ziegenherden, die auch heute noch die größten des Archipels sind. Der Rückgang dieser Wirtschaftsektoren hat es möglich gemacht, daß sich bestimmte Vegetationsformen, die durch die Eingriffe verändert wurden, wieder langsam erholen. Heutzutage lässt sich eine dynamische Entwicklung beobachten, die

Mit Flechten bewachsenes Lavafeld

sich der ursprünglichen Vegetation wieder annähert, vor allem in schlecht zugänglichen Gebieten und/ oder wo keine landwirtschaftliche Nutzung mehr erfolgt.

Der größte Teil der Flächen auf der Insel, die überhaupt Vegetation aufweisen, ist mit dornigem Gestrüpp (Matorral) bewachsen, sowohl in den Ebenen als auch an den Berghängen, in unberührten wie auch in ehemals landwirtschaftlichen Gegenden. Die wichtigste Pflanze des Matorral ist die *Aulaga* (Launaea arborescens), deren Widerstandsfähigkeit im Prozess der ökologischen Veränderungen von großer Bedeutung ist und was ihre große Verbreitung auf der ganzen Insel erklärt. In den weniger berührten Gegenden ist die Artenvielfalt ausgeprägter, und man findet Arten wie *Espinos* (Rhamnus crenulata), *Matamoros* (Ceropegia hians) und *Ramas* (Rhamnus Rhamnus).

Verodes (Senecio kleinia), *Tabaibas* (Euphorbia balsamifera) und *Cardones* (Euphorbia canariensis) bilden die Gruppe der ursprünglichsten und typischsten Pflanzen für die Insel. Die Tabaibas wachsen auf den Hängen einiger Hügel und Berge, in Felsrissen und in der Nähe der jüngsten Lavaaustritte. Die *Tabaiba dulce* (Senecio bollei)

Flechten: Ramalina (grün) und Xanthoria (orange)

Wilde Tabaiba (Euphorbia obtusifolia)

wächst in Gegenden, die den Meereswinden ausgesetzt sind.

Das Vorkommen von *Cardones* (Euphorbia handiensis und canariensis) beschränkt sich auf die Halbinsel Jandía, wo es zwei Arten gibt: die, die auf allen Kanarischen Inseln vorkommt und eine heimische, die nur in einem kleinen Teil der Halbinsel wächst. Neben ihrer Schönheit muß auch ihre Seltenheit erwähnt werden; der Cardón von Jandía ist im Aussterben begriffen, weshalb er auf keinen Fall beschädigt oder zerstört werden sollte. Alle Besucher der Insel werden hiermit gebeten, diese Pflanze der Nachwelt zu erhalten. Durch seine Struktur erlauben die kanarischen Cardones das Wachstum anderer Pflanzen zwischen ihnen, ohne daß sie dort von den Ziegen abgefressen werden

Sog. Gatuña, Melojo oder Cueso (Ononis natrix)

Kanarische Palme (Palmae, Phoenix canariensis).

können, wie z.B. *Cornicales* (Periploca laevigata), *Tasaigos* (Rubia fruticosa) und *Espinas blancas* (Asparagus pastorianus). Das Leben vieler niederer Tiere steht im direkten Zusammenhang mit dieser kerzenleuchterförmigen Pflanze, die einem Kaktus ähnelt.

Die Palmen und Tamarisken sind praktisch die einzigen einheimischen Bäume und kommen hauptsächlich in Tälern und Schluchten vor, oder am Fuße der alten *Gavias* (Anbauterassen), die es erlaubten, das extrem knappe Wasser und den wenigen fruchtbaren Boden optimal auszunutzen.

In Tälern und Schluchten mit Wasser wachsen dichte Büsche, die von den Einheimischen *Matamoros* genannt werden. Diese Pflanze, zusammen mit anderen Arten, bildet ebenfalls eine Vegetationsform, eine Art Salzwiese (Saladar, von Sal=Salz), die man in den Gebieten hinter den Stränden, die regelmäßig von den Gezeiten bespült werden, findet (z.B. Saladar del Matorral in Morro Jable). Neben dem botanischen Interesse, die Pflanzen wie *Salado* (Schizogyne glaberrima), *Saladillo* (Jubera canariensis), *Mato* (Lavandula canariensis) und *Tebete* (Beta patellaris) verdienen, spielen diese Feuchtgebietpflanzen eine wichtige Rolle in der Vogelwelt der Insel.

Ebenfalls an der Küste, und nicht weit von den Saladares, findet man die Jables (Dünenfelder). Abhängig von den vorherrschenden Winden erstrecken sie sich weit ins Landesinnere. Die extreme Trockenheit, zusammen mit der Schleifwirkung des Flugsandes, dem Salzgehalt und der Sonneneinwirkung, beschränkt die Möglichkeit eines Pflanzenbewuchses auf ein Minimum. In Küstennähe findet man die *Uva de mar* (Zygophyllum fontanesii) mit fleischigen Blättern in Y-Form und die *Balancones* (Trajanum moquinii). Etwas weiter im Landesinneren findet man *Corazoncillos* (Lotus lancerottensis), *Algahuera*

"Meertraube" (Zygophyllaceae, Zygophyllum fontanesii)

Böden des kanarischen Basiskomplexes. Vegetation der halbtrockenen Mittelmeergegenden. Niederschläge zwischen 100-300 mm. Mittlere Temperatur bei 20ºC, hohe Sonneneinstrahlung und Lehm-, Salz- oder Kalkböden (*Caliches*). Beispiele: Pflanzen, die Wasser speichern können, Wolfsmilchgewächse, Salzwiesen und trockene Weiden.

(Cheroloides fomentosa), *Saladillo* (s.o.), *Salado blanco* (s.o.), Trüffel, Strandschnittlauch und *Melosa* (Onomis angustissima).

Obwohl die Aufzählung aller Pflanzenarten sehr lang wäre, so nimmt man sie doch in freier Natur kaum wahr. Einige botanische Schätze haben sich auf den höchsten Teil der Berge auf Jandía zurückgezogen (Odontospermium seniceum, Margariten, Echeum decaisnii und Olea cerasiformis). Eine sehr reichhaltige aber sehr unauffällige Pflanzenart sind die Flechten, die wie ein fest angeklebter, bunter Teppich an den Felsen wachsen. Zwei Flechtenarten, die eine etwas kompliziertere Struktur haben, sind *Aicán* und *Orchilla* (Orseille), die früher zur Gewinnung von Farbstoffen geerntet wurden. Diese Flechten findet man in steinigen Ebenen, auf Bergrücken, in Felsspalten und Schluchten und natürlich in den typischsten Landschaften der Insel, den Malpaíses.

Fauna. Ohne Zweifel sind die niederen Tiere, und unter ihnen die Insekten, die zahlreichsten auf dem Archipel und auf unserer Insel. Man zählt über 5000 Arten, von denen ungefähr 10% heimisch sind. Dieser Prozentsatz erreicht bei den Käfern sogar 35%. Was Fuerteventura anbetrifft, so sind besonders zwei Arten erwähnenswert: eine fossile und eine lebende, die einen großen Einfluß auf die Landschaftsgestaltung hat.

Die Antophoren waren wespenähnliche Insekten, die ihre Eier in kleinen Höhlungen im Sand ablegten, wo sich dann die Larven entwickelten. Diese "Nester" sind heute versteinert und weit verbreitet in den sandigen Ebenen des Inneren der Insel. Sie sehen wie kleine elliptische Sandkugeln aus und sind innen hohl.

Blick nach Norden vom Morro Velosa aus

Antophoren

Die kleinen weißen Flecken auf den Kakteenblättern sind weibliche Schildläuse. Diese Insekten hatten in der Vergangenheit eine große wirtschaftliche Bedeutung, denn aus ihnen wurde ein roter Farbstoff, vor allem für Lippenstifte, gewonnen. Dieses Insekt wurde 1827 unter Naturschutz gestellt. Da man in wissenschaftlichen Studien immer mehr auf die Schädlichkeit von billigeren, chemischen Farbstoffen hinweist, gewinnt die Schildlaus wieder an Bedeutung.

Schildläuse (Koschenillen)

Im Gegensatz zum Artenreichtum der niederen Tiere ist die Präsenz von Wirbeltieren auf der Insel ziemlich ärmlich, und nur die Vögel zeichnen sich durch einen relativen Artenreichtum aus. Auf dem Archipel hat Fuerteventura die meisten Spezies, die zum Teil heimisch sind, hier brüten oder auch nur auf ihren Wanderungen hier Station machen. Die strategische Position der Inseln für die Wanderrouten der Vögel, als Zwischenstation oder Nistplatz, gibt den Feuchtgebieten der Insel eine Bedeutung, die weit über die lokale hinausgeht. Die unbewohnten Küsten von Fuerteventura, die wenigen Staudämme und die Salinen dienen den Vögeln als "Wohn-, Schlaf- und Essplatz", wobei die Arten je nach Jahreszeit variieren.

Die wichtigsten Arten der sandigen und erdigen Ebenen sind, unter anderem, Kragentrappen, Rennvögel, Raubwürger, Turmfalken und Wiedehopfe.

In den Tälern und Schluchten findet man neben den Wandervögeln, die dort überwintern, die Stummellerche, das Kanaren-Schwarzkehlchen, die Blaumeise, Weidensperlinge und andere Arten.

Raubwürger

Strandpieper

In den bergigeren Gegenden sieht man Mäusebussarde, Schmutzgeier, Wüstengimpel und Schleiereulen, und auf den Felsen und Klippen an der Küste findet man noch einige Fischadler, die, ebenso wie die Schmutzgeier, im Aussterben begriffen sind.

Was die Seevögel angeht, so findet man unter den heimischen den Gelbschnabel-Sturmtaucher und unter den Wandervögeln den Seeregenpfeifer, den Kiebitzregenpfeifer, den Strandläufer, den Reiher und viele andere Arten. Von den zahlreichen Seeschwalben, die es früher auf der Insel gab, sind nur noch wenige Exemplare übrig.

Auf der Isla de Lobos und den anderen kleineren Inseln und vorgelagerten Felseninseln im Meer gibt es noch Bulwersturmvögel, graue Sturmtaucher und Sturmschwalben.

Das große Interesse, das die Meeresfauna immer schon erweckt hat, ist nur allzu logisch und hat einen praktischen Nutzen: sie ist wichtig für die Fischerei. Seit einigen Jahren steigt auch das wissenschaftlich-praktische Interesse an der Erforschung der Seelebewesen. Man unterscheidet ungefähr 390 Arten aus 117 Familien. Natürlich können wir hier nicht alle erwähnen, jedoch möchten wir einige wichtige Fakten herausstellen: Einerseits möchten wir über die Ökosysteme, die unsere Insel umgeben, sprechen, und danach die wichtigsten Arten, die hier vorkommen, beschreiben.

Rabe

Nordafrikanische Schnepfe

Seeschwalben-Kolonie

Die Meeresströmungen bei den Kanarischen Inseln bedingen bestimmte Schwankungen des Salzgehaltes und der Temperatur des Wassers, was wiederum einen starken Einfluß auf die Meeresfauna hat. Dieser Umstand erlaubt es, daß es bei der Insel Fischarten gibt, die normalerweise in verschiedenen Klimazonen leben. Man unterscheidet zwei große Ökosysteme: die Windseite (oder Nordseite) der Insel zwischen El Cotillo und Punta de Jandía, und die Windschattenseite (oder Südseite) zwischen Corralejo und der Punta de Jandía. Die Zone zwischen Corralejo und El Cotillo ist als Übergangszone zu betrachten, die weder zur einen noch zu anderen Seite gehört.

Der Unterschied zwischen beiden Zonen besteht nicht nur in den unterschiedlichen Meeresböden (sandig oder felsig) oder dem unterschiedlichen Wellengang auf den beiden Inselseiten, sondern vor allem in der Wasserqualität. Die Strömungen auf der Nordseite sind etwas kühler und reicher an Plankton, was eine reichhaltigere und abwechslungsreichere Fauna mit sich bringt. Dazu kommt, daß die Nordseite nicht so leergefischt ist wie die Südseite. Es gibt Fischarten, die nur auf der Nordseite vorkommen.

Kragentrappe

Riesenzackenbarsch

Muräne umgeben von kleineren Fischen

Die meisten Fischarten sind "Kreolen", das heißt, sie kommen aus anderen Gebieten, sind aber an die Insel gebunden, wo sich ihr ganzes Leben abspielt. Andere Fischarten wandern und kommen nur von Zeit zu Zeit auf die Insel. Dies ist der Fall bei den Thunfischen, Goldbrassen, Sardinen, Spitzbrassen und verschiedenen Haiarten, die man nur zu bestimmten Jahreszeiten bei der Insel findet.

Die vorherrschende Gruppe von Fischen sind die sogenannten 'weißen' Fische wie Gelbstriemen, große Geißbrassen, Seekarausken, Zahnbrassen, Lauben, Seebrassen u. a., die hauptsächlich am Schelf zuhause sind.

Die zweitgrößte Gruppe bilden die verschiedenen Haiarten, die zum Teil heimisch sind, jedoch in großen Tiefen leben, wie z.B. Hundshaie, Dornhaie, Katzenhaie, Blauhaie usw. Bei den Wanderarten findet man vor allem Hammerhaie, Makos und Grauhaie.

Über den felsigeren Meeresböden findet man viele Säge- oder Zackenbarsche. Die Anzahl der Familien ist nicht sehr groß, jedoch sind die Stückzahlen erheblich. Man findet vor allem *Meros* (gr. Zackenbarsch), *Cabrillas* (gr. Sägebarsch) und *Abaes* (Pollacks). Daneben findet man in diesem Habitat auch eine große Zahl von Lippfischen, wie z. B. den grünen Lippfisch, Bartmänchen, etc...

Die Thunfische und thunfischähnlichen Fische werden vor allem von den Bonitos, Großaugenthunfischen und Sägefischen vertreten, sowie durch die allgegenwärtigen Makrelen.

Andere Fischarten, die nicht zu den vorher erwähnten Gruppen zählen:

Über der Plattform: Goldmäuler, amerik. Seebrassen, Scheefsnuten, Meeräschen, Muränen,

Der sandige Meeresgrund verleiht dem Wasser seinen türkisfarbenen Schimmer

Miesmuscheln (Perna perna)

Lachse, Schattenfische und Papagaienfische (Viejas).

Am Schelf: Meeeraale, Krackbarsche, Alsen und Seequappen, unter vielen andere Arten.

Auf hoher See: Seenadeln, Flugfische, Goldbrassen, Ährenfische, Schwertfische, Sardinen und Spitzbrassen.

Auch die Schalentiere sind reichlich vertreten. Die bekanntesten sind:
Seespinnen, die mit Reusen in geringer Tiefe gefischt werden; rote und weiße Krebse, die wegen ihres exquisiten Geschmacks sehr begehrt sind, und die man nachts, bei Neumond und bei Ebbe mit der Hand fängt; und die ganz kleinen Krebse, die als Köder für die Papagaienfische und andere Fische dienen, die man bei Ebbe unter Steinen in Ufernähe findet. Auch werden viele Garnelen (Camarones) gefangen, die um Fuerteventura reichlich vorkommen.

In den Höhlen auf der Nordseite fängt man viele Hummer, die hier 'Bogavantes' genannt werden. In den unwirtlichen Wassern des Nordens, wo sich die See an den Klippen bricht, gibt es viele Entenmuscheln (Percebes), die hier Ziegenfuß (Pata de cabra) genannt werden.

Die Molusken, die bei Fuerteventura am häufigsten vertreten sind, sind die Miesmuscheln (Mejillones). Fast die gesamte Küste auf der Windseite ist von ihnen bedeckt. auf der gesamten Insel ebenfalls reichlich vorhanden sind Schüsselschnecken (Lapas).

Unter den Steinen in Ufernähe finden man auch eine Venusmuschelart, die von den Fischern 'Orejas de mar' (Meeresohren) genannt werden. Daneben gibt es eine Unzahl von Meeresschnecken und Muscheln mit großen Gehäusen.

Ebenfalls reichhaltig ist das Angebot an Kopffüßlern, wie z.B. Octopusse, Kalamaren und andere kleinere Tintenfische.

Auf hoher See sieht man oft Karettschildkröten und andere Meeresschildkröten, die an den Stränden Fuerteventuras nisten.

Was die Meeressäuger betrifft, so begegnet man bei der Insel Delfinen und einigen Walarten.In letzter Zeit wurden auch einige Mönchsrobben gesichtet.

Der einzige Vertreter der Amphibien ist der gemeine Frosch, der seinen Lebensraum in der Nähe von Tümpeln und Stauseen mit Süßwasser hat.

Bei den Reptilien gibt es nur einige Eidechsenarten, unter denen die 'Lisneja' oder 'Lisa majorera' hervorzuheben ist, denn sie sind wahrscheinlich endemisch auf Lanzarote und Fuerteventura vor. Außerdem gibt es Mauergeckos, die abends an Hauswänden und in der Nähe von Lichtquellen jagen.

Alle Säugetiere, mit Ausnahme der Fledermäuse, die von selbst auf die Insel kamen, wurden vom Menschen gewollt oder ungewollt auf die

Männliche Eidechse

Nordafrikanisches Eichhörnchen

Ziegen

Insel gebracht, wie z.B. alle Haustiere: Hunde (der Bardino ist eine heimische Rasse, die auf Fuerteventura gezüchtet wurde), Ziegen, Schweine, Schafe, Pferde, Dromedare, Esel, Katzen usw.

Die nicht häuslichen Säuger findet man auf der ganzen Insel, wie z.B. Igel, Spitzmäuse, Fledermäuse, Hasen, Ratten und Eichhörchen. Die Eichhörnchen wurden erst vor Kurzem aus Afrika eingeführt und richten verheerende Schäden in der Landwirtschaft an.
In der angehängten Bibiographie gibt es reichlich Material über die wirbellosen Tiere, Reptilien, Vögel und Fische von Fuerteventura.

Natürliche Räume. Die Kanarischen Inseln sind eine Untergruppe der sogenannten makaronesischen Inselgruppe, wo außergewöhnliche klimatische, geologische, geomorphologische, zoologische und botanische Gegebenheiten sich zu einem einzigartigen Lebensraum verdichtet haben. Jedoch haben die Aufteilung des Bodens, die Bevölkerungsdichte und die fast ausschließliche Abhängigkeit vom Dienstleistungssektor ein Entwicklungsmodell hervorgebracht, das so nicht aufrecht erhalten werden kann, denn es überschreitet bei weitem die Regenerierungsfähigkeit der natürlichen Ressourcen. Ein größeres Umweltbewusstsein und eine bessere Aufklärung der Bevölkerung sind dringend nötig.

Das Gesetz über die Natürlichen Räume der Kanarischen Inseln (Ley de Espacios Naturales de Canarias) regelt die Benutzung der natürlichen Ressourcen auf den Inseln, bestimmt verschiedene Schutzmechanismen und die verschiedenen Instrumente der Planung in diesem Bereich.

Ziel ist die geregelte Nutzung aller natürlichen Ressourcen, um eine nachhaltige Entwicklung zu garantieren, der Einschluß aller natürlichen Räume, die Schutz oder Verbesserung benötigen, das Vorantreiben von wissenschaftlichen Forschungen, von ökologischer Erziehung und von Zusammentreffen der Menschen mit der Natur, ohne daß diese daran Schaden nimmt, die Verbesserung der Lebensqualität in den Ortschaften mit reger sozio-ökono-

mischer Aktivität und die Wiederherstellung bzw. Verbesserung bestimmter Ökosysteme.

Abhängig von den Werten oder natürlichen Schätzen, die davon betroffen sind, teilt man die Schutzgebiete in die folgenden Kategorien, in denen vor allem die wichtigsten Biotope und die größte Artenvielfalt eine Rolle spielen:

- Naturparks und Kulturlandschaften
- Integrierte und spezielle Naturreservate
- Naturdenkmäler
- Landschaftsschutzgebiete
- Wissenschaftlich interessante Orte

Naturparks sind jene ausgedehnten Naturlandschaften, die nicht wesentlich durch den Menschen verändert wurden und deren Flora, Fauna und Gea in ihrer Gesamtheit als einzigartiger natürlicher Reichtum angesehen werden.

Kulturlandschaften sind ausgedehnte natürliche Räume, wo ökologisch interessante Landschaften von landwirtschaftlichen Aktivi-

Naturpark von Jandía. Playa de Cofete

Kulturlandschaft von Betancuria

täten sowie durch Viehzucht oder Fischerei geprägt sind.

Die **Naturreservate** haben zur Aufgabe, Biotope, Arten oder andere biologische oder geologische Elemente zu schützen, die wegen ihrer Seltenheit, Anfälligkeit, Wichtigkeit oder Einzigartigkeit eine besondere Beachtung verdienen. In diesen Gebieten ist das Mitnehmen von Arten oder Proben von biologischem oder geologischem Material verboten.

Integrierte Naturreservate sind kleinere bis mittlere Gebiete, in denen die Gesamtheit der Elemente sowie aller natürlichen und ökologischen Prozesse bewahrt werden sollen.

Spezielle Naturreservate sind kleinere bis mittlere Gebiete, in denen besondere Biotope, spezielle Arten, besondere geologische Formationen oder natürliche Prozesse von speziellem Interesse geschützt werden sollen.

Naturdenkmäler sind natürliche Gebiete oder Elemente von kleinerem Ausmaß, in denen es Elemente von ganz besonderer Schönheit oder außerordentlicher Seltenheit gibt. Hier sind besonders die geologischen Formationen zu erwähnen, ebenso wie die paläonthologischen Fundstätten

Kulturlandschaft von Betancuria. Stausee La Peña

oder andere Elemente der Gea, die wegen ihrer Seltenheit, ihrer landschaftlichen, kulturellen oder wissenschaftlichen Bedeutung ein spezielles Interesse verdienen.

Landschaftsschutzgebiete sind Gegenden mit speziellen ästhetischen oder kulturellen Aspekten.

Wissenschaftlich interessante Orte sind normalerweise kleinere, abgelegene Gebiete, wo es natürliche Elemente von speziellem wissenschaftlichem Interesse gibt, wie zum Beispiel vom Aussterben bedrohte Tier- oder Pflanzenarten, die spezielle Maßnahmen für ihr Überleben benötigen.

Die Naturschutzgebiete der Insel Fuerteventura, Lage und Ausdehnung:

- **Naturpark der Insel Lobos.** Diese kleine Insel im Gemeindegebiet von La Oliva hat eine Oberfläche von 467,9 ha. Die Grenze des Naturparks entspricht der Küstenlinie bei Ebbe.

- **Naturpark von Corralejo.** Er umfaßt 2.668,7 ha im Gemeindegebiet von La Oliva.

- **Naturpark von Jandía.** 14.318,5 ha im Gemeindegebiet von Pájara.

Naturdenkmal von Ajui. Teil des Strandes

- **Kulturlandschaft von Betancuria.** 16.544,3 ha in den Gemeindegebieten von Betancuria, Puerto del Rosario, Antigua, Tuineje und Pájara.

- **Naturdenkmal Malpaís de la Arena.** 870,8 ha im Gemeindegebiet von La Oliva.

- **Naturdenkmal Montaña de Tindaya.** 186,7 ha im Gemeindegebiet von La Oliva.

- **Naturdenkmal Caldera de Gairía.** 2.400,9 ha in den Gemeindegebieten von Antigua und Tuineje.

- **Naturdenkmal Cuchillos de Vigán.** 6.090

Volcán y Malpaís de la Montaña de la Arena, Vulcanismo Reciente. Municipio de La Oliva

Naturpark von Jandía. Strände der Windschattenseite

ha in den Gemeindegebieten von Antigua und Tuineje.

- Naturdenkmal Montaña de Cardón. 1.266,8 ha im Gemeindegebiet von Pájara.

- Naturdenkmal von Ajuí. 31,8 ha im Gemeindegebiet von Pájara.

- Landschaftsschutzgebiet des Lavafeldes Malpaís Grande. 3.245,3 ha in den Gemeindegebieten von Antigua und Tuineje.

- Landschaftsschutzgebiet des Tals von Vallebrón. 1679,6 ha in den Gemeindegebieten von Oliva und Puerto del Rosario.

- Ort von wissenschaftlichem Interesse Playa del Matorral. 115,6 ha im Gemeindegebiet von Pájara.

Bei einem Besuch in den Naturschutzgebieten findet man verschiedenste Landschaften

Landschaftsschutzgebiet von Vallebrón

klären, besorgt uns das Ausufern von bestimmten Freizeitbeschäftigungen. Neben anderen Dingen muss vor allem das unkontrollierte Schaffen von neuen Wegen und Pisten kanalisiert werden.

Zum besseren Kennenlernen der Landschaften empfehlen wir einige Routen, die weiter unten in diesem Buch beschrieben sind. Praktisch alle diese Routen verlaufen durch Naturschutzgebiete und stellen eine gute Möglichkeit dar, die Landschaften von Fuerteventura in aller Ruhe kennenzulernen.

Naturdenkmal Montaña de Cardón.

Naturpark der Insel Lobos

vor. Hierzu zählen Ebenen, Bergmassive, Täler, Schluchten und beeindruckende Küsten mit Klippen und ausgedehnten Stränden.

Aufgrund der oben gegebenen Informationen über die ökologische "Zerbrechlichkeit" von Fuerteventura sollte jeder, der sich in die genannten natürlichen Räume begibt, mithelfen, diese Landschaften zu schützen und zu erhalten. Neben der Aufgabe, möglichst viele Personen über die ökologischen Systeme, die uns umgeben, aufzu-

1. PARQUE NATURAL DEL ISLOTE DE LOBOS
NATURPARK DER INSEL LOBOS
NATURE PARK OF ISLOTE DE LOBOS

2. PARQUE NATURAL DE CORRALEJO
NATURPARK VON CORRALEJO
CORRALEJO NATURE PARK

3. PARQUE NATURAL DE JANDIA
NATURPARK VON JANDIA
JANDIA NATUE PARK

4. PARQUE RURAL DE BETANCURIA
KULTURLANDSCHAFT VON BETANCURIA
BETANCURIA RURAL PARK

5. MONUMENTO NATURAL DEL MALPAIS DE LA ARENA
NATURDENKMAL MALPAIS DE LA ARENA
NATURAL MONUMENT OF MALPAIS DE LA ARENA

6. MONUMENTO NATURAL DE LA MONTAÑA DE TINDAYA
NATURDENKMAL MONTAÑA DE TINDAYA
NATURAL MONUMENT OF TINDAYA MOUNTAIN

7. MONUMENTO NATURAL DE LA CALDERA DE GAIRIA
NATURDENKMAL MONTAÑA DE GAIRÍA
NATURAL MONUMENT OF THE CALDERA DE GAIRIA

8. MONUMENTO NATURAL DE LOS CUCHILLOS DE VIGAN
NATURDENKMAL CUCHILLOS DE VIGÁN
NATURAL MONUMENT OF CUCHILLOS DE VIGAN

9. MONUMENTO NATURAL DE MONTAÑA CARDON
NATURDENKMAL MONTAÑA CARDON
NATURAL MONUMENT OF CARDON MOUNTAIN

10. MONUMENTO NATURAL DE AJUI
NATURDENKMAL AJUI
NATURAL MONUMENT OF AJUI

11. SITIO DE INTERES CIENTIFICO DE LA PLAYA DEL MATORRAL
WISSENSCHAFTLICH INTERESSANTER ORT PLAYA DEL MATORRAL
PLAYA DEL MATORRAL PLACE OF SCIENTIFIC INTEREST

12. PAISAJE PROTEGIDO DEL MALPAIS GRANDE
LANDSCHAFTSSCHUTZGEBIET MALPAIS GRANDE
PROTECTED LANDSCAPE OF MALPAIS GRANDE

13. PAISAJE PROTEGIDO DE VALLEBRON
LANDSCHAFTSSCHUTZGEBIET VALLEBRON
VALLEBRON PROTECTED LANDSCAPE

FUERTEVENTURA
OCEANO ATLANTICO
Carretera Principal
Main Road
Landstraße 1. Ordnung
Carretera Secundaria
Secondary Road
Landstraße 2. Ordnung
Camino de Tierra
Carriageway
Unbefestigte Piste
Puerto de Pesca
Fishing Port
Fischereihafen
Puerto de Pasajeros
Port
Passagierhafen
Palmeral
Palm tree field
Palmenhain
Windsurfing
Windsurfing
Windsurfen
Vista Panoramica
View-Point
Aussichtspunkt
Aeropuerto
Airport
Flughafen
Puerto Deportivo
Yachting Harbour
Jachthafen
Castillo
Castle
Festung
Faro
Lighthouse
Leuchtturm
Molino
Mill
Windmühle
Ajuí
Punta de la Nao
Mézquez
Agua de Bueyes
Casillas de Morales
Los Alares
Las Salinas
Playa del Muellito
Puerto de la Torre
Toto
Tiscamanita
Playa de Leandro
Punta del Viento
Ensenada de Pozo Negro
Pozo Negro
PAJARA
TUINEJE
Punta de la Jaqueta
Ensenada de Toneles
Punta Gorda
Las Casitas
Casas de La Florida
Catalina García
Ensenada de Jacomar
Tagultar
Punta de Gran Valle
Tesejerague
Juan Gopar
Playa de los James
Cardón
Las Playitas
Peñón del Roque
La Entallada
Playa de la Solapa
Punta de la Canal
Playa de Garcey
Punta del Peñón Blanco
Las Salinas
Playa de Amanay
Punta Amanay
Punta de las Goteras
Playa de Ugán
Puerto Nuevo
Playa de la Pared
Playa del Viejo Rey
La Pared
Cala de Las Playas
Gran Tarajal
Giniginámar
Piedras Caídas o Morros de Gran Tarajal
Playa de Agando
Playa de Giniginámar
Tarajalejo
Punta del Caracol
Punta del Colorado
Playa de Tarajalejo
La Lajita
Playa de la Lajita
Punta Paloma
Playa de la Jaqueta
Agua Liques
Istmo de la Pared
Costa Calma
Punta de los Molinillos
Agua Tres Piedras
El Jable
Punta de Playa Larga
Playa de Sotavento de Jandía
Playa de Barlovento de Jandía
El Islote
Playa de Cofete
Roque del Moro
Punta de Barlovento
Caleta de la Madera
Punta Pesebre
Cofete
Zarza
807
Jandía
Boca de Mal Nombre
Boca de Esquinzo
Punta del Tigre
Puertito de la Cruz
Punta de Jandía
Playa de Juan Gómez
Morro Jable
Playa del Matorral
Playa de Butihondo

GESCHICHTE UND KULTUR

Frühgeschichte. Trotz zahlreicher Nachforschungen im Bereich der Anthropologie und der Archäologie weist die kanarische Geschichte zahlreiche Lücken auf. Ausgrabungen, die nicht zu Ende geführt wurden, verlorene oder von neuen Siedlungen zugedeckte Zeitzeugen und alte Materialien, die für Neubauten benutzt wurden, verhindern die weitere Erforschung der Inselgeschichte.

Die wichtigsten Fragen wie "Wer waren sie, woher kamen sie und wann geschah dies?" wurden bereits im 16. und 17 Jh. mit mehr oder weniger Erfolg von Alonso Espinosa, Leonardo Torriani und Abreu Galindo beantwortet. In seinem Buch "Naturgeschichte der Kanarischen Inseln" versuchte Viera y Clavijo im 18. Jh. eine Beschreibung der ersten Siedler der Inseln zu geben. Gemäß diesem Autor waren die Ureinwohner der Inseln Abkömmlinge der Bewohner von Atlantis. Diese Theorie wollte den ersten Inselbewohnern eine noble und mysteriöse Abstammung verleihen.

Archäologische Funde im Tal *Valle de Pozo Negro*

Die verschiedenen Besiedlungswellen erfolgten wahrscheinlich in einem sehr ausgedehnten Zeitraum. Autoren wie Schwidetzky, die von anthropologischen Studien in Europa ausgehen, glauben, dass die Besiedlung der Inseln in zwei Etappen erfolgte. Gemäß dieser Theorie waren die ersten Siedler vom Typ Cromagnon (mit breitem, robustem Gesicht und runder Körperform) während die nächsten Siedler mediterranen Ursprungs (größer, schlanker, mit langem und feinerem Gesicht) und kulturell weiter entwickelt waren.

Prähispanische Siedlung von La Atalaya. Tal von Pozo Negro.

Prähispanische Vase.

Die Cro-Magnon-Menschen kamen aus dem Gebiet von Mechta-el-Arbi (im Département Constantina) oder aus Afalubu-Rummel (in Beni-Segual, an der Küste von Kabilien bei Algier) in Algerien. Sie sind der sogenannte *Mechta-Typ* oder *Mechta-Afalu-Typ* und sind wahrscheinlich gegen Ende des Neolitikums auf die Kanarischen Inseln gekommen. Ihre primitiven Boote waren wahrscheinlich von den Meeresströmungen und den Passatwinden abhängig, was ihre Rückkehr verhinderte und das Manövrieren zwischen den Inseln sehr erschwerte.

Danach kamen weitere "Siedler" aus Afrika. Viele von ihnen waren wahrscheinlich vom mediterranen oder protomediterranen Typ aus der Bronzezeit. Das heißt, die Herkunft der ersten Inselbewohner ist wohl im Maghreb und bei den Berbern im Bereich der Sahara zu suchen. Es wurden Reste von halbunterirdischen Häusern gefunden, wie es sie auch in Marokko und Tunesien gibt. Ausgegrabene Götzen gleichen in ihrem Stil und ihrer Symbolik zoomorphen Skulpturen aus der Sahara. Auch Keramikgegenstände aus der Zeit der Ureinwohner haben ähnliche Formen und Verzierungen wie die Keramik aus den genannten Gebieten.

Die Ausdehnung der Sahara und die politischen Probleme während des ersten Jahrtausends vor Christus sind möglicherweise der Grund für die erste Besiedlung der Kanarischen Inseln.

Da bei den Ausgrabungen bisher keine menschlichen Reste gefunden wurden, weiß man nicht, wie die alten Bewohner von Fuerteventura, die *Majos,* ausgesehen haben.

Das Aussehen der ersten Siedler der Insel ist auch nicht in alten Chroniken beschrieben.

Was die sprache der *Majos* angeht, hier ein Zitat von Bontier und Le Verrier im Zusammenhang mit der lybisch-berberischen Sprache in weiten Teilen Nordafrikas: «*Die Sprache dieses Landes gleicht der der Kanarischen Inseln*». Es wurden aber auch alphabetähnliche Inschriften, die schwer zu klassifizieren sind, gefunden: auf Lanzarote und Fuerteventura ähnlich wie die lateinische Sprache und auf den anderen Inseln ohne Bezug zu bekannten Schriftsprachen.

In diesem Sinn bedeutet der Begriff "Guanche", der oft für die Ureinwohner der Kanarischen Inseln gebraucht wird, nichts Anderes als ein Völkergemisch aus mediterranen, nordafrikanischen und negroiden Siedlern aus verschiedenen Epochen, möglicherweise aus dem letzten Jahrtausend vor Christus.

Gemäß den Daten aus der Zeit der Ankunft der europäischen Eroberer hatten die Ureinwohner keine Boote und die Schiffahrt war ihnen vollkommen unbekannt.

Die Ureinwohner waren Höhlenmenschen, das heißt, sie lebten in natürlichen Höhlen an Berghängen. Wenn dies nicht möglich war, gruben sie Höhlen und umgaben diese mit einer Mauer aus aufeinandergeschichteten Steinen. Sie bedeckten diese Höhlen mit Felsplatten, die sie in Kuppelform anordneten, und bedeckten diese mit Erde, um das Eindringen von Wasser zu verhindern. Diese Behausungen heißen *Casas hondas* (tiefe Häuser). Ein anderer Behausungstyp waren ovale Häuser, die mit einer hohen Steinmauer umgeben waren, und den Namen *Tagóror* erhielten. Sie hatten zum Teil Wände aus Steinplatten und Türen aus Stein mit einem Felsblock als Türsturz. Sie bildeten kleine Dörfer, wie das im *Barranco de la Cueva*, dem größten und besterhaltenen der Insel. In anderen Dörfern, wie zum Beispiel in *Los Caserones* im Norden der Insel, hatten die Häuser eine konische Form.

Der erste bekannte Name der Insel ist *Erbania* und bezieht sich auf die Mauer, die das Territorium zweiteilte und eine Grenze zwischen zwei Stämmen bildete. Die Mauer war am *Istmo de la Pared* (Süden der Insel) und trennte die Gefolgsleute von *Ayoze* (Norden) und *Guize* (Süden). Später, mit Bezug auf die Höhlen, die den Bewohnern als Behausung dienten, die *majos* oder *mahod* genannt wurden, hießen die Bewohner *Maho-*

reros oder *Majoreros* und der Name der Insel wurde von den Chronisten latinisiert: *Mahorata* oder *Maxorata*, das Land der Majoreros.

Schon im Jahre 1339, in einer Landkarte von Angelino Dulcet, taucht der Name Forte Ventura auf.

Was das Leben der Guanchen betrifft, gibt es wenig gesicherte Daten, und obwohl es viele Theorien gibt, ist keine wissenschaftlich abgedeckt.

Man weiß, daß die Dörfer klein waren, daß es keine Vielmännerei gab (in jeder Familie gab es nur einen Mann) und daß sie Viehzucht als Nomaden betrieben. Die Ernährung basierte hauptsächlich auf Fleisch und Meeresfrüchten (vor allem Schüsselschnecken und Miesmuscheln). Ansammlungen von Schalentiergehäusen im Norden der Insel legen hiervon Zeugnis ab. Es gab eine herrschende oder sehr angesehene Klasse, die *Altai* oder *Altiai* hieß, was soviel bedeutet wie 'die Tapferen'.

Beschreibungen der ersten Eroberer besagen, dass die "Guanchen" eher klein und untersetzt waren, mit breiten Schultern und mit blondem, lockigem Haar.

Die Bevölkerung war zu jenem Zeitpunkt rückläufig. Aufgrund der nordafrikanischen Abstammung kannten sie den Gebrauch von Metallen, jedoch konnten sie ihre kulturellen Kenntnisse auf einer rohstoffarmen Insel wie Fuerteventura nicht in die Praxis umsetzen.

Die Eroberung. Seit dem Altertum - zum Teil sogar in einigen Mythologien - werden die Kanarischen Inseln erwähnt, und zwar von Autoren wie Plutarch, Plinius dem Älteren und Ptolemäus.

Die Araber landeten, einigen Geschichtsforschern zufolge, in den Jahren 956 und 1013 nach Christus.

Wahrscheinlich ist, daß sowohl die Christen als auch die Mohamedaner von ihrer Existenz wußten und weitaus öfter hier anlegten, als sich feststellen läßt.

Was man mit Sicherheit weiß, ist, dass die Inseln ab der zweiten Hälfte des 13. Jh. relativ oft von europäischen Seefahrern besucht wurden. Technische Neuerungen wie Kompasse, Windrosen, Hafenhandbücher und immer präzisere Seekarten trieben die technische

Engpass Mal Paso im Barranco de La Peña, durch den Béthencourt bei der Eroberung zog.

Haus der Obristen (Casa de los Coroneles)

Entwicklung in der Seefahrt sehr schnell voran.

Vor der eigentlichen Eroberung unterscheidet man zwei Phasen: das gesamte 14. Jh., in dem die Inseln sporadisch angesteuert werden, vor allem auf der Suche nach Sklaven, und das 15. Jahrhundert, in dessen Verlauf die Inseln nach und nach besetzt werden und schließlich der Kastilischen Krone einverleibt werden.

Aber wenn man sich konkret auf Fuerteventura bezieht, so waren es Mallorquiner, Katalanen, Andalusier, Basken und Portugiesen, die, oft zusammen mit Geneovesen, Florentinern, Venezianern und anderen Händlern und Seefahrern von der italienischen Halbinsel, die die ersten Expeditionen unternahmen, bevor die Insel im eigentlichen Sinne erobert wurde. Diese Expeditionen wurden hauptsächlich von der Iberischen Halbinsel aus unternommen. Es ist gesichert, daß man vor der ersten Expedition im Jahre 1342 von der Existenz der Inseln wußte, denn sie sind in den 1339 gezeichneten Seekarten von *Dulcet*, einem Kartographen von den Balearen, verzeichnet.

Die oben erwähnte Expedition des Jahres 1341, die von Alfons IV. von Portugal ausgerüstet und von Nicoloso da Recco und Angiolino de Teggia geleitet wurde, führte später zum Streit zwischen diesem König und Alfons XI. von Kastilien. Dieser beanspruchte die Kanarischen Inseln, da sie zu Mauritanien gehörten und somit zum Herrschaftsbereich der Westgoten. Die kastilischen Könige betrachteten sich selbst als deren Nachfolger.

Das gleiche Argument wird 1344 vom kastilischen König benutzt, als Papst Clemens der VI. in seiner Bulle "Tua Devotionis Sinceritas" den Adligen Don Luis de la Cerda, den selbsternannten "Pricipe de la Fortuna" zum Herrscher über die Inseln benennt.

Im Jahre 1352 rüstete die Krone von Aragonien eine Expedition aus, die von Roger Arnau angeführt wurde und missionarische Ziele hatte. Die ersten Missionare und Händler, die auf die Insel kamen, waren Katalanen, wie z.B. Bernat Merman und Pere d'Estrada. Dieser Katalanische Vorstoß war nicht von großer Dauer und endete mit dem Tod Peters des Frommen im Jahre 1387.

Noch vor Ende des 14. Jh., im Jahr 1393, gemäß Pedro de Ayala in seiner Chronik des Königs Heinrich III. setzt sich eine andalusisch-kastilische Expedition in Bewegung, bei der schließlich 150 Ureinwohner gefangen genommen und später als Sklaven verkauft wurden. Dies fachte die Gewinnsucht von vielen kastilischen

Rittern an, die vom kastilischen König die Eroberung der Insel verlangten. Einer dieser gierigen Adligen war Jean de Béthencuort, der sich mit einem französischen Adligen namens Gadifer de La Salle zusammentat und sich später als erster Eroberer der Insel proklamierte. Ab diesem Moment werden die überlieferten Nachrichten immer konfuser und unverständlicher.

Zwischen 1391 und 1393 verschlechtern sich die Beziehungen zwischen Kastilien und Genua zusehends, bedingt durch die Ansprüche auf Gebiete in Nordafrika und den Kanarischen Inseln, vor allem nachdem deren wirtschaftliche und strategische Bedeutung immer deutlicher wurde.

Die Verkündung von Bèthencourt, er habe die Insel Fuerteventura in Besitz genommen und die Anerkennung des alleinigen Besitzrechtes durch den Kastilischen König am 10. Januar 1403 beendet jegliche spontane Expedition auf den kanarischen Archipel.

Béthencourt, der 23 Normannen und 40 Andalusier befehligt, erreicht die östlichen Inseln im Jahre 1402. Er zieht vom Puerto de la Peña (Ajuy) aus ins Landesinnere, mit der Absicht, nicht nur Sklaven zu machen, sondern sich auf der Insel niederzulassen und sie militärisch zu beherrschen, wofür er Gadifer de La Salle und seine Gefolgsleute unter Vertrag nimmt.

Die erste Volkszählung zwischen 1440 und 1450 ergibt eine Bevölkerungszahl von 1200, die sich hauptsächlich in und um die Hauptstadt (Betancuria) angesiedelt haben.

Die ersten Siedlungen entstehen im *Valle de la Vega de Río Palmas* und *Betancuria*. Zu Beginn des 16. Jahrhunderts entstehen neue Ansiedlungen im *Valle de Santa Inés*, in den *Llanos de la Concepción* und später in *Antigua*.

Die Eroberung dauerte ungefähr drei Jahre, die jedoch nicht durch dauernden Krieg sondern eher durch friedliches Zusammenleben von Eroberern und Eroberten gekennzeichnet waren.

Der Lehensherr von Fuerteventura und Lanzarote, ein Titel, der 1404 zum ersten Mal verliehen wurde, war der kastilischen Krone direkt unterstellt, war Herrscher über alle eroberten Inseln und gleichzeitig verantwortlich für ihre Verteidigung.

Im 15. und 16. Jhdt. werden verschiedene Lehen verkauft, und im 17. Jhdt. festigt sich das Lehen Fuerteventura unter der Herrschaft der Häuser *Arias* und *Saavedra*.

Franziskanerkonvent San Buenaventura von 1414

Während des 16. und 17. Jh. fanden mehrere Angriffe von Piraten statt, die sich mit Wasser und Lebensmitteln versorgen wollten. Nur der Angriff von 1593 durch Xaban de Arraez endete mit einer Invasion der Insel. Danach wurde Fuertevnetura sechs Monate lang von diesen Piraten beherrscht. Nach der Besetzung waren die Hauptstadt und ihre Archive zerstört. Um sich vor derartigen Angriffen zu schützen, wurden Befestigungsanlagen gebaut, wie zum Beispiel bei Barranco de la Torre, El Cotillo und Caleta de Fuste.

Es ist historisch belegt, dass Mitte des 18. Jh. die Besiedlung bis El Cotillo reicht, was vermuten lässt, dass dieser Ort schon damals als Fischerhafen benutzt wurde. Auch die Existenz der Kapelle von Vallebrón in dieser Zeit ist belegt.

In dieser Zeit steigt die Bevölkerungszahl auf der Insel von 1503 auf 3341.

Unter Phillip II. wird es zur Pflicht, daß die Verteidigung einem ausgebildeten Offizier übertragen wird, der in Abwesenheit des Lehensherrn den Oberbefehl übernimmt. So entsteht die Figur des *Sargento Mayor* (befehlshabender Unteroffizier). Die restlichen Verwaltungsfunktionen werden vom *Cabildo,* einer Art Insel-Rathaus, übernommen.

Die militärische Macht ging langsam vom Sargento Mayor an einen Comandante Mayor (Oberbefehlshaber) über, dann an einen Oberstleutnant und schließlich an einen Oberst. Dieser nahm mit der Zeit immer mehr Rechte an sich, wie z. B. die Kurierdienste, und die Steuern, und schließlich nahm er immer mehr Land in Besitz, sodass er am Schluss Herr über praktisch den ganzen Norden der Insel war.

Die dauernde Abwesenheit des Lehensherrn begünstigte die Stellung der Offiziere, die langsam aber sicher zu den neuen Herren der Insel wurden und die neue erbliche Herrschaftsform des *Coronelato* (Herrschaft der Obristen) einführten.

Diese Form der Herrschaft sowie die vorhergehende Herrschaft der Lehensherren verschwinden mit der Konstitution der Fürstenräte von Cádiz, und die Insel wird in acht Gemeindegebiete (Ayuntamientos) aufgeteilt.

Moderne Geschichte. Verschiedene politische, wirtschaftliche und natürliche Ereignisse führen zu einer starken Dekadenz der Insel im 16. und 17. Jh.

Vor allem die harten Lebensbedingungen haben die jüngste Geschichte der Insel geprägt. Trockenzeiten und Unwetter zusammen mit anderen Katastrophen wie Epedemien, Kriege und Invasionen brachten Hunger und Elend auf die Insel und zwangen ihre Bewohner zur Emigration.

Nach zwei Jahrhunderten vergeblicher Anstrengungen im Getreideanbau erfolgt gegen Ende des 18. Jh. und zu Beginn des 19. Jh. ein wirtschaftlicher Aufschwung durch den Handel mit Salzkraut, Schildläusen, Orseille, zerstoßenen

Salzkraut (Mesembryanthemum crystallinum)

Orseille(Roccella s/p)

Muscheln (Viehfutter) und Flechten (Farbstoff).

Salzkraut ist eine Pflanze, die getrocknet und verbrannt wird. Als Produkt der Verbrennung entstehen kompakte schwarze Steine, die so genannten Salzkrautsteine. Diese wurden nach England exportiert und zu Seife weiterverarbeitet.

Schildläuse (Koschenillen, dactylocus cocus) sind Parasiten, die auf den Blättern einer bestimmten Kaktusart leben.

Sie werden folgendermaßen gezüchtet: Zu Beginn des Frühlings setzt man Schildläuse auf den Blättern von Kaktusfeigen aus und wartet, bis sie sich vermehren. Die "Ernte" ist im Sommer und im Herbst und erfolgt mit speziellen Löffeln. Diese Arbeit erfordert viel Feingefühl und ist äußerst hart. Nach der Ernte werden die Koschenillen handverlesen. Aus ihnen gewinnt man einen wertvollen, roten Farbstoff. Früher wurden sie zur Herstellung von Lippenstiften und Purpurfarbstoffen für Kleider verwendet.

Sie wurden aus Mexiko als Experiment eingeführt, aufgrund eines königlichen Dekrets im Jahre 1826. Es wurde ein spezielles Akklimatisierungszentrum für Schildläuse gegründet, in dem man die Zucht dieser Parasiten erlernen konnte. Die Zucht wurde subventioniert, was die Produktion merklich steigerte. Der Prozess von Absatz- und Preissteigerungen auf den internationalen Märkten fand in den Jahren 1851/52 seinen Höhepunkt. Das schnelle Anwachsen der Anbauflächen, zusammen mit der Erfindung des künstlichen Farbstoffes Anilin führte zu einem schnellen Preisverfall.

Orseille ist ein Farbstoff, der aus bestimmten Flechten gewonnen wird, die auf vulkanischen Steinen und Felsen an der Küste wachsen. Man findet sie auf der Nordseite, wo sie genügend

Feuchtigkeit und Salz bekommen, die für ihre Entwicklung unerlässlich sind. Die Orseille ist 5-10 cm groß, länglich und hat eine weißlich-graue Farbe. Sie wurde gesammelt und als Farbstoffgrundlage exportiert.

Die zerstoßenen Muschelschalen dienten zur Herstellung von Hühnerkraftfutter. Viele Muschelschalen aus Fuerteventura von großem archäologischem Wert endeten so in Hühnerställen.

Der so genannte Aicán ist eine Flechtenart, die auf Vulkangestein wächst. Sie wurde zur Farbherstellung und für das Gerben von Leder benutzt.

Der Weizenanbau ist jedoch die wirtschaftliche Aktivität, die die meisten Spuren hinterlassen hat. Heute noch sieht man zahlreiche Windmühlen, die über die ganze Insel verstreut liegen.

Im 19. Jh. beginnt ein reger Handel mit Kalk und Salz. Dies bringt den Bau von vielen Kalköfen und Salinen mit sich (siehe auch im Kapitel "Architektur").

Man weiß von schweren Hungersnöten im 18. und 19. Jh., die durch das Ausbleiben des Regens verursacht wurden. In diesen Zeiten wanderten viele Bewohner der Insel aus, und zwar zuerst nach Gran Canaria und Teneriffa, später nach Uruguay, Argentinien, Mexiko, Venezuela und Cuba.

Mühle in Tefía

Bis nach dem Bürgerkrieg (1936-39) wird die Erde urbar gemacht und werden Terassen und Schutzwände angelegt, um gegen die Erosion anzukämpfen.

Der Warenaustausch wird verstärkt, und Puerto de Cabras wird zur Inselhauptstadt; die wirtschaftliche Entwicklung des Nordens wird vorangetrieben und der erste Hafen für die Handelsschiffahrt wird gebaut. Der Anbau und der Export von Tomaten wird durch den Bau eines Hafens bei Gran Tarajal gefördert.

Das Aufkommen des Tourismus dreht die rückläufige Entwicklung der Bevölkerung um. Dies bringt einen erheblichen sozialen Umbruch mit sich, der die Gefahr eines totalen Identitätsverlustes der Insel birgt. Die traditionellen Arbeitsplätze im Landesinneren gehen verloren und die Arbeitskräfte wandern an die Küsten ab. Am 16. August 1982 erhalten die Kanarischen Inseln ihr Statut als Autonome Region Spaniens (vergleichbar mit einem Bundesland).

Von diesem Moment an übernehmen die Kanarischen Inseln die Verantwortung für die Verteidigung der kanarischen Interessen, die ausgewogene Entwicklung aller Inseln und die Solidarität aller, die zum kanarischen Volk gehören.

Die Autonome Region *Canarias* setzt sich aus den sieben Inseln *El Hierro, Fuerteventura, Gran Canaria, La Gomera, Lanzarote, La Palma* und *Tenerife* zusammen. Die kleineren Inseln *Alegranza, La Graciosa, Montaña Clara, Roque del Este* und *Roque del Oeste* gehören verwaltungstechnisch zu Lanzarote, während die Isla de Lobos zu Fuerte-ventura gehört.

Die Verwaltung der Kanarischen Inseln übernehmen gleichzeitig die Städte Santa Cruz de Tenerife und Las Palmas de Gran Canaria.

Jede Insel hat eine eigene Verwaltungsstruktur und ist in *Municipios* (große Gemeindegebiete, Kreise) aufgeteilt. Jedes Municipio hat sein Rathaus (Ayuntamiento). Das höchste Verwaltungsorgan jeder Insel ist das *Cabildo* (eine Art Inselrathaus), das seinerseits der kanarischen Regierung unterstellt ist.

Fuerteventura hat sechs *Ayuntamientos*: Puerto del Rosario, La Oliva, Betancuria, Antigua, Tuineje und Pájara. Zu diesen Orten gehören auch weiter entfernt liegende, touristische Ortsteile, die in einigen Fällen paradoxerweise größer sind als der Hauptort selbst, wie z. B. Gran Tarajal (Tuineje), Morro Jable (Pájara) und Corralejo (La Oliva).

Wirtschaft. Vor der Eroberung durch die Spanier basierte die Wirtschaft der Insel vor allem auf der Landwirtschaft und der Viehzucht, ergänzt durch das Sammeln von wilden Früchten und Meeresfrüchten und den Fischfang. Angebaut wurden Gerste, Weizen und Saubohnen. Bei den Haustieren überwogen Ziegen, Schafe und Schweine. Vom Fischfang und dem Sammeln von Meeresfrüchten zeugen große Ansammlungen von Schalen (Concheros) auf der gesamten Insel.

Die besten Bedingungen für die Landwirtschaft gab es Inneren der Insel. Auch nach der Eroberung war sie weiterhin eine Subsistenzwirtschaft, die nur in einem bestimmten Zeitraum auch für den Export produzierte; zuerst für den Weizenexport, später dann Kakteen für die Produktion von Schildläusen und danach Tomaten. In letzter Zeit wird sehr viel Aloe Vera für die kosmetische und pharmazeutische Industrie angebaut.

Der Landwirtschaft ist es zu verdanken, dass man immer noch zahlreiche Windräder, die der Wasserförderung dienten, in der Landschaft vorfindet; allerdings werden sie heutzutage durch Diesel- oder Elektromotoren ersetzt.

Windrad für die Wasserförderung

Zwei Phänomene kennzeichnen die traditionelle Landwirtschaft: Zum einen die *Gavias* und zum anderen der Salzgehalt des Wassers.

Die Gavias wurden aus Afrika importiert und sind im Prinzip nichts anderes als kleine, terassenförmige Staudämme, in die Wasser geleitet wird und die beim Überfließen ihr Wasser an die nächsttiefere Terasse weitergeben. Die Erde saugt sich mit Wasser voll, was die Einheimischen die *Bebida* (Trunk) nennen, und danach wird gesät.

Der Salzgehalt des Brunnenwassers beschränkte die Bewässerungslandwirtschaft auf zwei Pflanzen: Tomaten und Alfalfa, die ziemlich resistent gegen Salz sind. Heutzutage benutzt man schon entsalztes Wasser für den Tomatenanbau.

Die Viehwirtschaft, bedingt durch die Knappheit der Weideflächen, war immer nur ein Nebenerwerb und ist heute stark rückläufig. Trotzdem werden immer noch zahlreiche Ziegen für die Herstellung des schmackhaften Käses (Queso majorero) gehalten. Nach dem Erhalt der offiziellen Herkunftsbezeichnung ist eine aufstrebende Käse-Exportwirtschaft entstanden.

Eine bemerkenswerte Tatsache ist, daß es auf Fuerteventura drei Arten von Ziegen gibt, die sich nur durch den Einfluß ihres Besitzers auf sie unterscheiden:

- Die *Jairas* sind Hausziegen, die beim Haus oder im Stallgehalten werden, um die Familie mit Milch zu versorgen. Sie werden unter den besten Milchziegen ausgewählt.

Hirtenhund (Bardino)

Auf der gesamten Insel weiden Ziegen

- Die *Cabras de ganado* (Herdenziegen) ziehen mit dem Hirten in Herden von 40-100 Stück umher. Abends kehrt der Hirte mit den Ziegen heim und melkt sie, um aus der Milch Käse zu gewinnen.

- Die Cabras de costa (Küstenziegen) werden in landwirtschaftlich nicht genutzten Gegenden freigelassen, den sogenannten *Costas* (Küsten), obwohl diese Gebiete nicht unbedingt am Meer liegen müssen. Diese Ziegen leben halbwild in diesen Gegenden, wo sie sich vermehren und wo die jungen Ziegen aufwachsen. Diese heißen *Cabritos* bis sie entwöhnt sind und nennen sich dann *Baifos,* bis ihnen die Hörner wachsen. Diese Ziegen sind entsprechend von ihrem Besitzer markiert.

Um die Cabras de Costa zusammenzutreiben, wird die sogenannte *Apañada* organisiert: Vor dem Morgengrauen versammeln sich eine große Anzahl von Hirten und Hirtenhunden (Bardinos) am Rand der "Küste", der sogenannten *Raya*. Dann wird der Plan für das Zusammentreiben gemacht und die Ziegen werden in einen Pferch (Gambuesa) getrieben, wo sie markiert und zum Teil wieder freigelassen werden. Diese *Apañadas* sind Festtage und sehr populär.

Auch die Fischerei ist von nicht sehr großer wirtschaftlicher Bedeutung.

Auf Fuerteventura wird lediglich Küstenfischerei mit kleinen Booten und Barkassen bis zu 2 Bruttoregistertonnen betrieben. Die Besatzung besteht normalerweise nur aus zwei Mann. Diese Boote laufen fast nie für länger als 24 Stunden aus und werden nach dem Einlaufen entweder lose verankert oder fest vertäut, je nach Wetterverhältnissen.

In den letzten Jahren hat sich dieser Sektor stark verändert und immer mehr dem Tourismus angenähert. Die Zahl der Boote für Hochseeangler hat stark zugenommen und die Wichtigkeit dieses Sektors wird an den bedeutenden Wettkämpfen, die jährlich in Gran Tarajal stattfinden, deutlich.

Die Häfen der Insel erfüllen verschiedene Funktionen. Im Folgenden zählen wir die wichtigsten auf:

- Handelshäfen: Puerto del Rosario und Gran Tarajal.

- Fischereihäfen, die auch von Sportbooten und Fähren benutzt werden: Corralejo und Morro Jable.

- Jachthäfen: Caleta de Fuste.

- Docks und Werften: El Cotillo, Puerto de la Peña, La Lajita, Tarajalejo, Ginijinámar und Las Playitas.

- Fischereihäfen: Puerto de la Cruz, Pozo Negro, El Matorral, Puerto Lajas, El Jablito, Majanicho und Los Molinos.

Die Fischer der Insel sind in drei Bruderschaften organisiert:

- Die Bruderschaft von Corralejo, von Puerto de la Peña bis Pozo Negro.

- Die Bruderschaft von Gran Tarajal, von Pozo Negro bis la Pared.

Reusen am Strand von Ajuí

- Die Bruderschaft von Morro Jable, von la Pared bis Puerto de la Peña.

Aufgrund der physischen und biologischen Gegebenheiten, die die Reproduktion von bestimmten Fischarten begünstigen, wurden vier spezielle Schutzzonen geschaffen:

- Punta de Tostón, zwischen dem Islote Rodrigo und Punta Gorda.

- La Entallada, von Punta Gorda bis El Jablito.

- La Jaqueta, von Punta Gerepe bis Punta Paloma.

- Punta Jandía, von Punta del Tigre bis Puertito de la Cruz.

Diese Schutzzonen, die als Naturreservate fungieren, versorgen die angrenzenden Gewässer mit Fischen und sorgen für den Erhalt der Arten.

Hier eine kleine Einführung in die Künste des Fischens, angefangen mit den einfachsten:

- die *Fija* (Fischspeer). Eine Eisen- oder Stahlstange mit einer oder mehreren Spitzen, die dazu benutzt wird, Tintenfische, die bei Ebbe in den Tümpeln zurückbleiben, aufzuspießen.

- die *Gueldera* oder *Tarralla*. Es handelt sich um einen Sack aus Leinen oder Drahtgeflecht, der an einem Metallring befestigt ist. Dieser wird mit starken Seilen an einer starken Angel festgemacht. Man benutzt sie, um Köderfische zu fangen, wie z. B. Gelbstriemen, Makrelen und Stöcker. Diese Art Fischfang wird von einem Boot oder von einer Barkasse aus durchgeführt.

- Die *Nasa* (Reuse). Sie ist eine Art Falle, die aus Eisenstangen und Drahtgeflecht gemacht ist. Die in Fuerteventura benutzten sind rund, und ihre Größe variiert, je nach Gebrauch. Die Reuse hat mehrere Öffnungen und eine kleine "Tür", um den gefangenen Fisch herauszuholen. Es ist die

Traditionelle Schaluppe für den Fischfang in Küstennähe

meistverbreitete Art von Fischfang auf Fuerteventura, und leider auch die schädlichste, denn die Reusen verfangen sich in den Pflanzen auf dem Grund und reißen sie aus.

- El *Chinchorro* (kl. Schleppnetz). Diese Art von Schleppnetz besteht aus einem Netz oder Sack, der mit Hilfe von Seilen oder Bändern vom Ufer aus, oder von Booten in Ufernähe, eingeholt wird. Auf diese Art werden kleinere Fische wie Gelbstriemen, Makrelen, Sardinen, Seebrassen und Meerbarben gefangen.

- Der Thunfischfang. Er wird am Tag und ziemlich weit weg von der Küste, am Kontinentalschelf, praktiziert. Man verankert die Boote oder läßt sie treiben, je nach Strömung und Fischart, die man fangen will. Man benutzt gelackte Seile von verschiedener Dicke, an deren Ende ein geflochtener, starker Stahldraht mit starken Haken befestigt wird. Normalerweise werden zwei oder drei Seile ausgeworfen. Der beste Köder ist ein lebender Köderfisch. Wenn ein Fisch an einem der Seile anbeißt, werden die restlichen eingeholt, um Verknotungen zu vermeiden. Je nach Größe des Fisches (es werden Fische von mehreren Hundert Kilo gefangen) dauert der Kampf bis zu zwei Stunden, manchmal sogar länger. Für die Jagd auf kleinere Thunfische mit weniger als 20 Kg Gewicht (Bonitos oder Weiße Thunfische) benutzt man Starke Angeln.

- Die Jagd nach dem *Cherne* (Krackbarsch). Sie ist eine der schwierigsten Arten von Fischfang und verlangt viel Wissen und Erfahrung. Man fischt in einer Tiefe von 400-800 m mit einem starken Stahldraht, der das Anbeißen der Fische gut und in voller Stärke überträgt. Am Ende dieses Drahtes ist ein mehrere Meter langes, dickes Nylonseil befestigt, an dem wiederum mehrere große Haken befestigt sind. Am Ende des Seiles hängt ein schweres Bleigewicht. Als Köder werden frische Gelbstriemen oder Makrelen verwendet. An jedem Haken werden drei oder vier befestigt, indem sie durch die Augen aufgespießt werden. Diese Art von Fischfang gilt hauptsächlich dem Krackbarsch, der bis zu 90 Kg schwer wird. Manchmal werden auch Seehechte oder verschiedene Tiefseehaie gefangen.

- Der Fischfang bei den "Steinen". Es gibt bestimmte Zonen auf dem Meeresgrund, wo sich viele Fische aufhalten und wo der Fischfang normalerweise erfolgreich ist. Diese Zonen werden

Der Tourismus hat die Wirtschaft der Insel stark verändert. Playa de Morro Jable

Flicken der Netze

"Steine" (*Piedras*) genannt. Es gibt zwei Arten, dort zu fischen: Mit dem verankerten Boot und mit dem treibenden Boot. Ähnlich wie beim Krackbarsch wird mit einem starken Nylonseil, mehreren Haken und einem Bleigewicht gefischt.

Mit dem verankerten Boot fängt man hauptsächlich Zahnbrassen, Zackenbarsche und andere große Barscharten. Nachts fängt man Meeraale und Lanzenfische. Die Köderfische sind normalerweise kleine Tintenfische, Sardinen, Gelbstrieme und Makrelen. Auf der Windseite der Insel benuzt man auch Octopusse. Mit dem treibenden Boot fängt man hauptsächlich Sägebarsche und nachts Seebrassen.

- Das Fischen mit dem sogenannten *Palangre*. Er setzt sich zusammen aus einem Hauptseil (madre=Mutterseil), von dem in gleichmäßigen Abständen Nylonseile mit Haken abzweigen. An den beiden Enden des Mutterseils befinden sich zwei Bojen und zwei Seile zum Auslegen und Einholen der Vorrichtung. Man fängt damit vorwiegend Zahnbrassen, Schwarzmäuler und kleine Hundshaie. Normalerweise werden kleine Tintenfische als Köder benutzt und die Vorrichtung wird vor allem nachts ausgelegt, wenn die großen Barsche und Brassen in Küstennähe auf Nahrungssuche sind. Man lässt den Palangre zwischen 2 und 6 Stunden im Wasser. Die Haken sind einfach und nicht sehr groß, was es ermöglicht, dass sie sich im Rachen oder im Magen der Fische verfangen. Morgens wird dann der Palangre eingeholt, und neben den vorher erwähnten Fischarten findet man auch oft Plattfische und Rochen. Diese Art von Fischerei wird in Tiefen bis zu 100 m praktiziert.

- Das Angeln der *Vieja* (Papagaienfisch). Man praktiziert es von einem Boot aus, mit einer Angel und in sehr geringer Tiefe (man soll noch den Meeresboden sehen). Die Boote, die dazu benutzt werden, sind klein und meist haben sie keinen Motor. Die Angelspitze ist aus Bocksleder, was ihre Sensibilität erhöht. Als Köder werden kleinere Krebse verwendet.

Der Aufschwung durch den Tourismus hat auf Fuerteventura viele neue Wirtschaftszweige geschaffen, die direkt oder indirekt mit diesem Phänomen in Verbindung stehen. Die Arbeitsbedingungen und die sozialen Beziehungen der Bewohner haben sich verändert und es kommen ständig mehr Arbeitskräfte aus ganz Europa auf die Insel.

Windgeneratoren in der Nähe von Costa Calma

Sitten und Bräuche. Die Menschen auf Fuerteventura haben viele Sitten und Traditionen ihrer Vorfahren bewahrt. Obwohl sie unter der jüngeren Generation immer weniger Anklang finden, so kann man doch noch viele alte Bräuche im täglichen Leben der *Majoreros* entdecken.

Bemerkenswert sind die Lebensart und die Gastfreundschaft der Bewohner Fuerteventuras. Wie sagte schon Ramón F. Castañeyra vor langer Zeit: "Der Majorero ist aufmerksam, freigiebig und Freund des Fremden, dem er sein bestes Bett und die besten Speisen anbietet. Sein Charakter ist nicht aggressiv. Er ist vernünftig und friedlich, aber zäh und geschickt, wenn es um die Verteidigung seiner Rechte geht."
Noch heute läßt sich beobachten, dass Hochzeiten nach altem Brauchtum gefeiert werden oder dass Schwangere Lavendelwasser trinken, wenn sie glauben, daß die Gefahr einer Fehlgeburt besteht. In traditionellen Familien wird von der Geburt bis zur Taufe jeden Abend eine Kerze angezündet, und auch die alten Wiegenlieder geraten nicht in Vergessenheit.

Es gibt auch religiöse Fanatiker, Aberglauben und Hexen, gegen die man die Heiligen beschwört, Gelübde ablegt oder Amulette trägt.

- "Es ist Sünde, eine Bachstelze zu töten, den Vogel der Heiligen Maria, denn die Bachstelzen verwischten die Spuren, als die Jungfrau mit dem Kind nach Ägypten floh, damit die Verfolger sie nicht fänden."

- "In der Stadt Betancuria erschien der Teufel. Die Bürger versammelten sich, fingen ihn ein, und banden ihn mit einem Strick, der mit einem Stein von der Kirche beschwert wurde, und ließen ihn laufen. Der Strick kann heute noch in der *Cueva de San Diego* besichtigt werden." Die Cueva de San Diego liegt heute im Inneren der Kapelle *Ermita de San Diego*, gegenüber den Ruinen der alten Franziskanerabtei. Der Erde aus der Cueva de San Diego werden Wunderkräfte nachgesagt.

Die meisten Aberglauben beziehen sich auf ein Unglück oder den Tod. Jedoch gibt es einige "weniger schlimme".

- Auf ein Haus, das einen Akazienbaum hat, wird Unglück kommen.

- Das Vorhandensein von Schnepfen auf dem Feld ist ein gutes Zeichen.

- Der Wiedehopf bringt eine gute Ernte und viel Freude.

- Weiße Flecken auf den Fingernägeln weisen den Lügner aus.

- Wer Warzen hat, hält sich damit auf, nachts die Sterne zu zählen.

Dörfliche Szene in Las Playitas

Ein Schwätzchen halten ist ein schöner Zeitvertreib

Ein aufgelaufenes Schiff, ein wichtiges Gesprächsthema

In der Ebene von Mafasca (bei Antigua) und in der Umgebung existiert ein seltsames natürliches Phänomen, das unter dem Namen "Licht von Mafasca" bekannt ist, und um das sich viele Sagen ranken. Da es keine genaue Erklärung dafür gibt, wird es den Seelen im Fegfeuer zugeschrieben. Andere Sagen und Hexengeschichten handeln vom Berg *Tindaya*, der als magisch angesehen wird.

Die Gelübde werden durch die Darbringung von Kerzenopfern oder von Wachsfiguren erfüllt. In einigen Kapellen, wie z. B. der *Ermita de la Peña,* kann man heute noch Hände, Arme, Köpfe und Tiere aus Wachs sehen. Es sind hauptsächlich Frauen, die diese Gelübde ablegen.

Man betet zum Heiligen Roque, damit man keine ansteckenden Krankheiten bekommt, zum Heiligen Isidor, damit die Saat aufgeht, zum Heiligen Andreas, damit der Regen nicht ausbleibt, zur Heiligen Luzy, damit sie Augenleiden lindert, zur "Heiligen Jungfrau der Guten Reise", damit die Seefahrer wieder gesund zurückkehren, und so geht es weiter mit einer Unzahl von Heiligen.

Die meistbenutzten Amulette waren die Knochen des Heiligen Diego, Stücke von seinen Kleidern oder Ausschnitte aus dem Evangelium.

In der populären Kultur der Insel gibt es zahlreiche Spiele, wie zum Beispiel den kanarischen Ringkampf, der für volle Stadien sorgt und echte Stars hervorbringt. Sehr beliebt ist auch das Pelota-Spiel und ein Spiel, das arabischen Ursprungs ist und Pina genannt wird. Auch Kartenspiele (Tute, La Politana, La Primera, El Burro, La Brizca) sind sehr beliebt.

Diese Spiele, als traditioneller, kultureller Ausdruck haben sich durch die rege Beteiligung der Inselbewohner erhalten, zum Teil wurden sie aber auch durch die Arbeit einiger weniger Kulturforscher wiederbelebt.

Einige dieser Spiele wurden schon zur Zeit der Ureinwohner ausgeübt und stehen im Zusammenhang mit wirtschaftlichen Aktivitäten. Allgemein kann man sagen, dass die Spiele Ähnlichkeit mit denen anderer Kulturen haben. Einige gehen auf die Eroberung durch die Europäer zurück. Das Pelotaspiel wurde mit Sicherheit zu Beginn des 15. Jh. von den Eroberern eingeführt.

Die große Mehrheit der Brettspiele, Ratespiele und Wurfspiele gehen auf magische Handlungen zurück. Es sind Glücksspiele und Sieg oder Niederlage hängen nicht vom Spieler ab.

In der Mehrzahl werden das Spiel, die Spielregeln, die Teilnahme bestimmter Spieler, parallele Zeremonien und andere Faktoren von einem zugrunde liegenden Ritual bestimmt.

Spiel und Sport sind Spiegel der Kultur eines Volkes. Sie entwickeln sich mit der Kultur weiter, überleben oder geraten in Vergessenheit. Sie dienen auch dazu, zu zeigen, wer der Beste ist und verhelfen dem Spieler zu einem gewissen Prestige. Mit im Spiel sind oft Wetten und Herausforderungen und in letzter Zeit macht sich das auch wirtschaftlich bemerkbar. Beim kanarischen Ringkampf gibt es inzwischen regelrechte Stars, die einen gewissen Reichtum erlangt haben.

Nach einem langen Kampf gegen das Vergessenwerden sind die traditionellen Spiele und Sportarten wieder in Mode gekommen, hoffentlich für lange Zeit.

Bei den Festen werden viele verschiedene Tänze und Gesänge gepflegt, wie zum Beispiel der *Baile del perrito* (Hündchentanz), der Fandango (nicht identisch mit dem andalusischen Fandango), die *Aires de Lima*, ein Wechselgesang, meist zwischen Mann und Frau während des Tanzens, der Tanz von Juan Periñal, die *Segui-*

dillas, Isas, Malagueñas und natürlich die *Folías*, Tänze und Gesänge, die allen Kanarischen Inseln gemein sind. Besonders typisch ist auch die *Polka majorera*, die dazu benutzt wird, persönliche und manchmal 'pikante' Anspielungen zu machen.

Die traditionellen Heilmethoden auf Fuerteventura haben ein Heilmittel für die meisten Krankheiten parat: Auf der Basis von Aderlässen, Kräutertees, Einreiben mit Kräutersud, Säften aus abführenden und reinigenden Kräutern und Pflanzen und mit anderen Präparaten heilt man Lungenentzündungen, Muskelschwäche, Schnupfen, Durchfall, Augenentzündungen, Kopfschmerzen, Verbrennungen und viele andere Krankheiten mehr. Erwähnenswert sind auch die *Tripas de cuca* (Innereien der Kakerlacke), die bei Zahnweh verabreicht werden, und wenn das Zahnweh weiter anhält, dann ist es so, weil der Patient seine *Tripas de cuca* nicht genommen hat, die ihm "verschrieben" wurden.

Prophezeiungen, die aus alltäglichen Dingen wie dem Regen, der Dämmerung, dem Ziegenmist oder Kamelhaar herausgelesen werden, werden von der älteren Bevölkerung immer noch beachtet.

Einige Beispiele: Wenn am Tag des Heiligen Matthäus der Horizont bei Sonnenaufgang klar ist, wird es ein gutes Jahr, und wenn nicht, dann wird es ein schlechtes Jahr. Wenn im Herbst der Ziegenmist schnell zerfällt, dann wird es ebenfalls ein gutes Jahr, und wenn er hart ist und sich lange hält, ein schlechtes Jahr. Wenn am Tag des Heiligen Johannes der Tag mit Flut beginnt, ist dies ein gutes Vorzeichen, wenn er mit Ebbe beginnt ein sehr schlechtes.

Andere Volksweisheiten: Wer Brot im September hat, soll sähen. Oder: Kein Kamel sieht seine eigenen Höcker. Mit diesen Sprichwörtern soll dieses Kapitel über Sitten und Gebräuche enden, obwohl... zu allerletzt, noch ein kleines Rätsel:

In einem nicht sehr flachen Tal
sind zwei kristallene Quellen;
für den Gärtner ist es eine Qual
wenn die Quellen überquellen.
Was ist das?

Feste. Die Feste, die heutzutage auf der Insel gefeiert werden, haben meist eine lange Tradition. Jedes Dorf feiert jährlich sein Patronatsfest, das Fest des Schutzpatrons der Pfarrkirche.

Boote werden für das Fest der Virgen del Carmen geschmückt. Hafenkai in Morro Jable

Die Volksfeste zeichnen sich vor allem durch rege Beteiligung, Spontaneität, Großzügigkeit und Einfachheit der Elemente aus. Man kauft neue Kleider, man streicht das Haus, man schmückt es mit Zweigen und Fahnen, man schlachtet ein Tier, man veranstaltet Tanzabende, man backt Süßigkeiten, man veranstaltet gemeinsame Abendessen, man macht Lagerfeuer oder man geht an den Strand feiern. Bei diesen Festen spielen die sog. Parrandas (Folkloregruppen) die schönsten Stücke der Inselfolklore (Isas, Folías, Seguidillas und Malagueñas, s.o.).

Normalerweise wird morgens eine festliche Messe gesungen und dan zieht eine Prozession durchs Dorf. Auch die Kirche wird mit Zweigen und Fahnen geschmückt. Die Feste dauern meist drei Tage. Im Kapitel, in dem die einzelnen Ortschaften beschrieben werden, wird auch näher auf die örtlichen Feste eingegangen. Hier nur einige Feste, die allgemeineren Charakter haben:

Der Karneval ist derzeit sicherlich das beliebtetste Fest. Er wird im Febraur in vielen Orten der Insel gefeiert. Hervorzuheben sind Puerto del Rosario und Gran Tarajal, wo sich die meisten Karnevalisten treffen. Es ist das Fest des Transvestismus, der Befreiung der geheimen Wünsche, der Rückkehr in die Kindheit, der Reise ins hohe Alter und der Kritik an den öffentlichen Persönlichkeiten. Man schließt sich in Gruppen (Murgas) zusammen und singt zusammen satirische Lieder.

Andere Feste, die auf religiöse Ursprünge zurückgehen, sind die Wallfahrten (Romerías).

Jedes Jahr, am dritten Samstag des Monats September, findet eine Wallfahrt zur Jungfrau des Felsens (Virgen de la Peña) in der gleichnamigen Schlucht bei Vega de Río Palmas statt. Sie ist das Ziel zahlreicher Wallfahrer, die von der ganzen Insel kommen, um ihre Gelübde bei der Schutzpatronin der Insel abzulegen.

Eine weitere wichtigeWallfahrt ist die von El Tanquito (El Cardón), die wegen ihrer Originalität Beachtung verdient. Die Mutter Gottes aus der Kirche wird bei einer improvisierten Prozession auf den Schultern auf einen Berg getragen. Da der Weg sehr lang und sehr steil ist, wird sehr oft angehalten, um Kräfte zu sammeln. Das Ganze wird begleitet von Musik und Tanz. Auf dem Berg angekommen, wird die Statue in einer Höhle abgestellt und die Wallfahrt geht in Form eines Grillfestes zu Ende.

Später folgt die Prozession auf dem Wasser

Ein weiteres wichtiges Fest ist La *Virgen del Carmen*, die Schutzheilige der Seefahrer. Jeden 16. Juli wird die Jungfrau in Corralejo und Morro Jable bei einer Bootsprozession durch die Küstengewässer gefahren.

Das Fest der *Jurada de San Miguel* (Schwur vom Heiligen Michael) am 13. Oktober geht auf ein Gelübde an diesen Heiligen im Zusammenhang mit dem Sieg über die englischen Truppen zurück, die 1740 Fuerteventura angriffen. Dieses Fest wurde zum ersten Mal 1946 auf Anregung des Pfarrers von Tuineje gefeiert, und hat erst seit 1974 seinen festen Platz im Jahreskalender. Zwischen dem 8. und dem 13. Oktober werden an den verschiedenen Orten, wo die Ereignisse seinerzeit stattfanden, Auffürungen veranstaltet, die an die historischen Ereignisse erinnern sollen. Diese Darbietungen können in Tarajalejo, Tiscaminata und Gran Tarajal, vor allem aber in Tuineje, besucht werden.

Diese Feste unterliegen, ebenso wie auch andere kulturelle Praktiken, einer immer stärker werdenden Standardisierung, bedingt durch die schnelle Modernisierung der Gesellschaft. Die Einzigartigkeit, der Gemeinschaftssinn und die Intimität gehen verloren und machen Platz für Ansammlungen von Massen, die sich bei diesen Festen amüsieren möchten.

Wie schon oben erwähnt sind die Feste eng mit der Folklore und den traditionellen Tänzen verbunden. Heutzutage wird viel im Bereich der Folklore geforscht und es werden alte Stücke aus der Zeit vor und nach der Eroberung gefunden und an die Neuzeit angepasst.

Von der Musik der Ureinwohner weiß man sehr wenig. Ihre Instrumente waren primitive Schlaginstrumente für Hände und Füße sowie Rasseln aus aufgereihten Schalen von Schnecken und Schüsselschnecken. Nach der Eroberung kamen neue Instrumente auf die Insel: Tamburine, Triangeln, Kastagnetten, Rasseln aus Zuckerrohr und andere, und später kamen dann die Gitarren, zwölfsaitige Gitarren, Lauten und Timplen. Der Timple ist das typischste Instrument der kanarischen Folklore. Man nennt ihn auch *Camellito* (kleines Kamel) und er ist eine Abwandlung der kleien iberischen Gitarre mit länglichem, engem Körper und abgerundetem Bauch. Je nach Insel können die Zahl der Saiten und die Tonlage variieren. Ein ebenfalls unentbehrliches Instrument in der kanarischen Folklore ist das Akkordeon oder *Forito*.

Mit den neuen Instrumenten entstanden auch neue Tänze und Gesänge:

- *Isas*. Hier handelt es sich um relativ neue Gesänge und Tänze (40er-50er Jahre), die auf alte lanzarotenische Elemente zurückgreifen. Beim Tanz benutzen die Männer einen Stock, an dessen Ende ein traditioneller Wollrucksack baumelt.

- *Malagueñas*. Trauergesänge, bei denen es meistens um die Liebe zur Heimat oder zur toten Mutter geht. Es handelt sich um eine Abart des andalusischen Fandango. Nach jedem Solo singt ein Chor den Refrain. Der Tanz wird hauptsächlich von Solisten übernommen. Der Mann führt die Frau oder Frauen im Verlauf der Choreografie.

- *Folías*. Eine der beliebtesten Formen der Foklore, die sich aus einem barocken Tanz aus dem 17. und 18. Jh. herleitet. Sie besteht aus zwei Teilen mit jeweils acht Takten, die sich mit Variationen wiederholen. Der Tanz wird von nur einer Person aufgeführt, die sich selbst mit Kastagnetten begleitet.

- *Seguidillas*. Sie sind als literarische Form seit Mitte des 15. Jh. bekannt. Als musikalische Darbietung kennt man sie seit der Zeit der Katholischen Könige (Ende des 15 Jh.). Sie werden von mehreren Solisten (soviele man will) in einer Sequenz gesungen und zwischen den Soli gibt es keine musikalischen Zwischenstücke.

- *Sorondongas*. Sie stammen von einem Kinderspiel des 16. Jh. Männer und Frauen tanzen im Kreis, in dessen Zentrum abwechselnd jemand mit einfachen Bewegungen tanzt.

- *Sarandas*. Obwohl sie aus den 70er Jahren unseres Jahrhunderts stammen, gehören sie schon zur Tradition von Fuerteventura. Der Tanz wird um eine *Saranda* herum aufgeführt, einem landw. Utensil für die Lüftung des Heus. Die Saranda wird von Männern und Frauen abwechselnd hochgehalten und man imitiert Bewegungen, die bei der Landarbeit ausgeführt werden.

Folklore-Darbietungen bei einem Dorffest

Außer bei den Patronatsfesten spielte die Folklore eine wichtige Rolle bei Tanzveranstaltungen, die *Baile de Candil* genannt wurden. Diese Tanveranstaltungen fanden in kleinen Sälen statt, die nur von einer kleinen Öl- oder Talglampe (Candil) beleuchtet wurden. Die Musik wurde von kleinen *Parrandas* gemacht. Eine Variante waren die sogenannten *Bailes de San Pascual*, zu Ehren des Heiligen Pascal des Tänzers, bei denen eine Kerze mit einer Schleife in der Mitte des Raumes stand. Erst forderten die Männer die Frauen auf, und wenn die Flamme die Schleife erreicht hatte, war Damenwahl. Wenn der Raum sehr klein war, mußten die Männer eine *Taifa* (Tarif) bezahlen, um mit einer Frau tanzen zu dürfen. In diesem Fall hießen die Feste *Baile de Taifas*. In Lanzarote nannte man diese Feste auch *Baile de Gobernadores*, denn es gab immer eine Person (Gobernador) mit einem Stab, die Aufsicht führte und Streitigkeiten unter den Männern verhinderte oder schlichtete. In bestimmten Momenten verstummte die Musik und man stimmte herausfordernde Lieder zwischen Männern und Frauen oder nur unter Männern an.

Ab den 40er Jahren wurden diese Feste immer seltener und sind heute praktisch verschwunden.

Ein Teil der Folklore überlebt dank der Folkloregruppen, die auch versuchen, alte Traditionen wieder zu beleben. Ihnen sei Dank, dass dieses Kapitel nicht unter dem Punkt "Geschichte" abgehandelt wird.

Kunsthandwerk. Das Handwerk ist in Fuerteventura nicht mehr sehr weit verbreitet, aber man kann immer noch einige Handwerker finden, die nach traditionellen Methoden, die von Generation zu Generation überliefert wurden, arbeiten. Diese Überreste der alten kanarischen Kultur verdienen, gerade heutzutage, besondere Aufmerksamkeit.

Im Moment gibt es eine Handwerkszentrum in Oliva. Jedes Jahr im Mai versammeln sich in Antigua Handwerker von allen Kanarischen Inseln auf einer Handwerkermesse.

Berühmt und geschätzt sind die Spitzen aus Fuerteventura, die mit verschiedenen Techniken und in unterschiedlichen Stilen und Arten hergestellt werden. Sie werden vor allem in den Dörfern Lajare, Tuineje, Tindaya, Tefía und Puerto del Rosario verkauft, wo man meist auch bei der Herstellung zuschauen kann.

Die Stick- und Klöppelarbeiten, die hauptsächlich in Antigua, Puerto del Rosario und Tindaya gefertigt werden, sind ebenso bekannt und geschätzt.

Wie bei vielen alten Völkern, so spielte auch bei den Ureinwohnern von Lanzarote die Töpferei eine wichtige Rolle im täglichen Leben. Töpfe und Schüsseln aus Ton wurden zur Aufbewahrung von Lebensmitteln, zum Kochen oder zum Transport benutzt. Abreu Galindo hat uns überliefert: "... und sie aßen aus *irdenen Gánicos*, ähnlich wie große Schüsseln, die an der Sonne getrocknet waren.

Vor der Einführung der Töpferscheibe war auch die lanzarotenische Keramik, wie die auf den restlichen Inseln, von niedriger Qualität. Auf einer Basis aus Ton, der oft mit Lehm, Steinen oder Muschelschalen vermischt war, wurden mehrere Tonzylinder aufgesetzt, bis die gewünschte Höhe erreicht war. Danach wurden die Gegenstände geglättet, um ihnen mehr Festigkeit vor dem Trocknen zu geben. Die Dekoration wurde eingeritzt und war sehr simpel. Meist waren es parallele, horizontale oder vertikale Linien, Dreiecke oder Zick-Zack-Linien.

Besondere Erwähnung verdienen die Töpferwerkstätten, die auch heute noch funktionieren, wie die Werkstatt von Silverio in La Rosa del Taro zwischen Triquivijate und Puerto del Rosario, der mit seiner Arbeit die Töpfertradition von Fuerteventura weiter am Leben hält.

In Tindaya und Llanos de la Concepción werden wahre Meisterwerke aus Palmenzweigen geflochten.

In Tuineje werden wieder Stoffe auf alten Webstühlen hergestellt, und zwar aus Schafswolle, Leinen und sogar aus Kamelhaar.

Eine Erwähnung verdienen auch die Korbflechtarbeiten, die vor allem in Betancuria und Vega de Río Palmas angefertigt werden.

Der Leuchtturm von Jandía

Historische Architektur. Die Aktivitäten der Menschen, die während der letzten Jahrhunderte in Lanzarote lebten und arbeiteten, haben der Insel ihren Stempel aufgedrückt. Die Summe dieser materiellen, kulturellen und sozialen Erscheinungen ist das, was wir heute kulturelles Erbe nennen. Außer einigen bedeu-tenden Monumenten hat die Insel eine Unzahl von Orten und Plätzen, die uns Aufschluß über die Geschichte der Insel und die Lebensgewohnheiten ihrer ehemaligen Bewohner geben.

Die historische Architektur läßt sich in vier Untergruppen unterteilen, je nach Verwendungszweck und Bauelementen:

- Religiöse Gebäude
- Besonders bemerkenswerte Gebäude
- Industriearchitektur
- Wohngebäude

Religiöse Gebäude. Über die Insel verteilt gibt es zwölf Kirchen und ungefähr zwanzig Kapellen.

Friedhof von Tuineje

Glockenturm der Kapelle von Guisguey

Die Kirchen entstanden zusammen mit den wichtigsten Dörfern, immer mit etwas Verspätung, was die Epoche des jeweiligen historischen Baustils anbetrifft.

Durch ihren Reichtum an historischen Gegenständen läßt sich zurückverfolgen, wie die wirtschaftliche Situation der Orte, in denen sie stehen, in bestimmten Momenten der Geschichte war. Jede einzelne hat ganz besondere Merkmale, wie z. B. die Fassade von der Kirche Vega del Río Palma, die mächtigen Fassaden der drei Schiffe der Kirche *La Candelaria* in Oliva, das Portal der Kirche in Pájara, das starke aztekische Reminiszenzen aufweist, die Kirche von Casillas del Angel oder die Türme der Kirchen von Antigua, Tetir und San Miguel in Tuineje.

Die Kapellen wurden fast alle im 18. Jhdt. erbaut. Sie wurden von den Bürgern selbst errichtet; deshalb ist die Bauweise meist sehr einfach und die verwendeten Materialien sind ziemlich ärmlich.

Sie bestehen meist nur aus einem rechteckigen Schiff mit einer angebauten Sakristei. An den Ecken einiger Kapellen sieht man behauene

Franziskanerkonvent San Buenaventura

Steine vulkanischen Ursprungs. Die Giebeldächer bestehen meist aus Holz und sind mit Adobe abgedeckt. Der Rand besteht meist aus einer Reihe Ziegeln. Im nüchternen Inneren der Kapellen findet man meist ein Pult, ein Taufbecken, ein Retabel und ein paar Bilder mit religiösem Inhalt.

Eizigartige Gebäude. Es handelt sich um eine Reihe von Gebäuden, die wegen ihrer Lage, ihrer Herkunft oder ihres Gebrauchs als einzigartig anzusehen sind, wie z.B. Friedhöfe, Verteidigungsanlagen, Leuchttürme oder Lagerhäuser (Cillas y Taros)

Bis Anfang des 19. Jhdts. werden die Toten bei der Kirche von Betancuria in der Erde beigesetzt. Von da an beginnt man, die ersten stättischen oder örtlichen Friedhöfe zu bauen, bis heute insgesamt zwölf, die bis auf wenige Ausnahmen der traditionellen Ästhetik entsprechen: Abdeckplatten aus Stein oder Kalkstein mit kleinen pyramidenförmigen Verzierungen und rechteckige Anlage mit einer Kapelle im Hintergrund.

Die Verteidigungsanlagen entstehen aus der Notwendigkeit, die Häfen zu schützen. Die Häfen von Caleta de Fuste, El Tostón und Tarajalejo waren Mitte des 17. Jhdts. unverzichtbare Zugänge zur Insel.

Die Festung El Tostón in El Cotillo

Leuchtturm Faro de La Entallada

Leuchtturm von El Cotillo

Im Jahre 1741 werden die strategisch wichtigen Anlagen von El Tostón und Caleta de Fustes gebaut, um die Sicherheit ihrer Einwohner und den Außenhandel zu gewährleisten. Die Analgen sind rund, mit einem konischen Querschnitt und zweistöckig. Das obere Stockwerk, mit seinen Tonnengewölben, stützte das Wasserreservoir, während das untere die Aufenthalts- und Diensträume der Soldaten enthielt. Sie sind von einem Graben umgeben, der die Angreifer von den Verteidigern trennte. Die Anlagen sind nach ihrer Restaurierung in gutem Zustand.

Die vier Leuchttürme der Insel stammen aus der Zeit der Jahrhundertwende und man kann zwei Typen unterscheiden: Der rechteckige Typ mit Innenhof (Lobos, Tostón und Punta de Jandía) und der Leuchtturm von der Entallada de Tuineje, der einzigartig auf dem ganzen Archipel ist und durch seine besonders sorgsame Verarbeitung auffällt. In Morro Jable und Puerto del Rosario gibt es jeweils einen neuen, modernen Leuchtturm.

Was die traditionelle Lagerhaltung angeht, so unterscheidet man zwei Typen von Gebäuden: die *Cillas* und die *Taros*.

Die Cillas sind Gebäude, wo die Kirche ihre Ernte und den Zehnten (zehnter Teil der Ernte als Abgabe an die Kirche) aufbewahrte. Es gab mehrere dieser Lagerhäuser in Tetir, Tiscamanita und La Oliva. Nur letzteres ist gut erhalten.

Die Taros sind ländliche Gebäude, die der Architektur der Bauernhäuser entsprechen. Sie sind aus Stein, Lehm und Kalk gebaut und dienten als Silo, Käserei und Geräteschuppen. Sie sind rund, haben einen Durchmesser von 2-5 m und sind 3-6 m hoch, je nachdem ob sie ein oder zwei Stockwerke haben. Zur Zeit kann man noch 6 Taros in Lajares, La Matilla, Pájara und Ampuyenta sehen.

Historische Industriegebäude. Damit sind Gebäude gemeint, die der heimischen Produktion dienten, wie z.B. Gerbereien, Kamelmühlen, Windmühlen, Kalköfen und Salinen.

Die Gerbereien (Tenerías) bestehen aus mehreren Räumen und Teichen, die für die jeweiligen Phasen des Gerbens gebraucht wurden. Erhalten ist nur noch die Gerberei von Mezquez.

Kalkofen von La Guirra. El Castillo

Windmühle in Tiscamanita

Die Salinen von El Carmen

Da die Insel über lange Zeit vom Getreideanbau lebte, hatten alle Gerätschaften, die zum Mahlen von Getreide dienten, eine ganz besondere Bedeutung.

Man begann mit Handmühlen, die von den Römern übernommen wurden. Ihre Bedienung war einfach und ihre Bauteile einfach herzustellen. Die wichtigsten Teile waren zwei gleichgroße, runde Mahlsteine, die aufeinander lagen und ein spitzer, langer Stock, der den oberen Stein nicht durchbohrte und als Stabilisator bei der Drehbewegung diente. Die Mahlsteine waren aus Basalt. Diese

Ein farbiges Bild aus kristallisiertem Salz

Handmühlen gab es in jeder Familie und sie wurde oft benutzt, um das tägliche *Gofio* zu mahlen.

Die *Tahonas* (Mühlen, die von Menschen oder Tieren angetrieben werden) sind immer Teil eines Bauernhofes. Sie sind die Vorläufer der Windmühlen und stammen aus dem 18. Jh. Sie wurden entweder von einer Gruppe von Leuten oder von einem Kamel angetrieben, das an die *Almijarra* (Antriebsstange) angeschirrt wurde, deren Antriebskraft auf einen komplizierten Mechanismus aus Zahnrädern, Kupplung und Antriebswelle wirkte. Die Tahonas sind normalerweise rechteckig, mit Mauern aus Stein, Lehm und Kalk und einem Dach aus flachen Ziegeln. Es sind viele Tahomas bis auf den heutigen Tag erhalten geblieben.

Die Windmühlen tauchen im 17. und 18. Jhdt. als Ersatz für die Tahonas auf der Insel auf und werden zu typischen Elementen der Insellandschaft. Man unterscheidet den *Molino Macho* oder die männliche Mühle und die *Molina* oder weibliche Mühle.

Aufgrund der Bedeutung, die die Windmühlen in der Vergangenheit hatten, ist in diesem Buch, im Kapitel "Reiserouten", eine Route der Windmühlen beschrieben, die dem Besucher einen anderen Einblick in das Kulturgut von Fuerteventura geben soll. In diesem Kapitel finden Sie auch die Standorte und genauere Beschreibungen der einzelnen Mühlen.

Die Kalköfen entstehen im 17. Jhdt. zusammen mit der Nutzung der Kalkgruben auf der Insel. Man benutzte Kalk zur Reinigung von Regenwasser, zum Anstreichen und beim Bau der Häuser. Die Kalköfen befinden sich entweder nahe bei den Kalkgruben oder in der Nähe von Häfen (Export). Die meisten Kalköfen sind rund, jedoch gibt es auch rechteckige und gemischte Typen. Typ und Bauweise sind je nach benutztem Material (Holz oder Kohle) verschieden. Die holzbefeuerten Öfen sind kleiner und meistens rund, zwischen 3 und 6 m im Durchmesser, und haben nur eine Öffnung. Einige sind halb unterirdisch oder in Schluchten angelegt, um die Beschickung bzw. das Herausholen des Fertigprodukts zu erleichtern. Die mit Kohle befeuerten, die hauptsächlich für den Export betrieben wurden, sind meistens rechteckig und 4-16 m lang, bis zu 10 m hoch und mit bis zu vier Öffnungen unterschiedlicher Größe. Es gibt 149 Öfen auf der Insel, unter denen der von Rosa de la Arena in Puerto del Rosario besondere Erwähnung verdient.

Detail einer Saline

Die Kalkherstellung geht auf die Zeit der Römer zurück und ändert sich praktisch nicht bis zur Entdeckung des Zements in den 50er Jahren. Das Rohmaterial wurde hauptsächlich an fossilen Stränden gewonnen. Nach der Zerkleinerung und der Reinigung der Kalkklumpen wurde der Ofen geladen. Die Kalksteine wurden auf einem Metallrost aufgeschichtet, unter dem später das Feuer mit trockenem Ginster entfacht wurde. Zwischen die Kalksteine legte man Schichten aus Holz oder Holzkohle und zum Schluß wurde der ganze Kegel mit Kohlenstaub bedeckt. Der Verbrennungsvorgang des gesamten Kegels dauerte 3-4 Tage. Der so gewonnene, ungelöschte Kalk wurde mit Salzwasser abgelöscht und nochmals gereinigt.

Zuletzt noch die Salinen, ein Ausdruck menschlichen Erfindergeistes. In den Salinen wird Salz aus Meerwasser, das unter Sonneneinwirkung verdampft, gewonnen.

Die Geschichte des Salzes ist eng verbunden mit der Geschichte der Hochkulturen. Die älteste Referenz über die soziale Rolle, die das Salz in einer Gesellschaft spielete, stammt aus China, aus der Epoche von 2205-2197 v. Chr. Für viele Staaten waren die Einnahmen aus der Salzsteuer bis vor kurzem eine wichtige Geldquelle. Trotz der Fortschritte in der chemischen Industrie und in der Konservierung von Lebensmitteln durch Kälte hat dieses universelle Produkt eine beinahe magische Überlebenskraft gezeigt.

<table>
<tr><th colspan="4">Technologie der Salzgewinnung</th></tr>
<tr><td>Sammeln</td><td colspan="3">Sammeln von Salz, das sich auf natürliche Weise auf Klippen, in kleinen Lagunen oder in großen Ablagerungen auf dem Kontinent angesammelt hat.</td></tr>
<tr><td>Gruben</td><td colspan="3">Extraktion von Salz aus unterirdischen Mineralsalzgruben.</td></tr>
<tr><td>Erwärmen und Kochen</td><td colspan="3">Salzgewinnung durch Erwärmen oder Erhitzen von Meerwasser in bestimmten Gefäßen mit Hilfe eines bestimmten Brennstoffes, um das Verdampfen des Wassers und die Salzausscheidung zu bewirken.</td></tr>
<tr><td rowspan="6">Konzentrieren und Verdampfen (nur mit Sonnenenergie)</td><td>Extensive Salinen</td><td colspan="2">Der Prozeß der Kristallisation ist nicht geteilt. Meist im Inneren, in der Nähe von Quellen.</td></tr>
<tr><td rowspan="5">Intensive Salinen (alle kanarischen Salinen)</td><td>Natürliche</td><td>Tümpel, die sich bei Flut bilden, auf Lehm- oder Felsengrund.</td></tr>
<tr><td rowspan="4">Künstliche (Schöpfen und Ableiten von Wasser in Verdunstungsbekken, Weiterleiten in Kristallisationsbecken)</td><td>Primitive auf Felsen. Es gibt zwei Becken: das Verdunstungsbecken und das Kristallisationsbecken (Mareta). Das Wasser wird bei Flut in das Verdunstungsbecken geleitet. Diese Salinen sind rund, geschlossen, mit Mauern aus Stein und Lehm oder Kalkmörtel.</td></tr>
<tr><td>Alte aus Lehm. Meist auf Schwemmland. Die Wände der Becken und Wasserleitungen sind aus gesammelten Steinen mit Kalkmörtel, die mit Lehm oder Kalk abgedichtet sind. Die Böden der Becken sind aus gestampftem Lehm. Salinen von El Río (Lanzarote).</td></tr>
<tr><td>Alte aus Kalkmörtel. Mauerwerk aus gesammelten Basaltsteinen mit Kalkmörtel. Mauern, Wände und Böden aus diesen Materialien.</td></tr>
<tr><td>Neue aus Lehm mit Steinverkleidung. Typisch für Lanzarote und Fuerteventura. Alle, außer El Río, gehören zu diesem Typ. Neue Anordnung: Die Verdunstungsbecken liegen im Inneren und das Wasser wird immer weiter in Richtung Küste umgefüllt. Die Becken sind geteilt, mit kleinen Mäuerchen im Inneren. Sie werden aus Lehm und Stein gebaut. Kalk wird nur für die Imper-meabilisation der Wasserkanäle benutzt. Die Böden der Becken sind aus gestampftem Lehm.</td></tr>
</table>

Über die Salzgewinnung auf den Kanarischen Inseln vor der Eroberung gibt es nur wenige schriftliche Quellen. Es ist bekannt, dass Salz aus Strandseen, die sich bei Ebbe bildeten, gewonnen wurde und dass damit vor allem Fisch eingesalzen wurde. Diese Strandseen wurden an einigen Stellen von Menschenhand verändert, mit dem Ziel, mehr Salz zu produzieren. Deshalb kann man auch, ohne dass es schlagkräftige Beweise dafür gibt, annehmen, dass es schon vor der Eroberung der Inseln durch die Europäer dort Salinen gab.

Nach der Eroberung gehörten die natürlichen Salzbecken den Lehensherren, jedoch hatten die Anwohner das Recht, aus ihnen Salz zu entnehmen. Erst im Jahre 1525 gibt die kastilische Krone dieses Recht in private Hände und ab 1605 werden die Salinen vom Monopol des Königlichen Finanzministeriums verwaltet. Ab diesem Zeitpunkt erfolgt eine erste Ausbauphase der Salzherstellung auf den Inseln. Die zweite große Expansion erfolgt zwischen 1910 und 1930, vor allem auf Lanzarote, um die Konserven-industrie mit Salz zu versorgen.

Tür mit Türsturz in Betancuria

Balkon eines Herrenhauses in Betancuria

Die Abschaffung der Salzsteuer zu Beginn des Jahrhunderts und das Auftauchen von neuen Salinentypen mit innen ausgekleideten Salzbecken bewirkt eine Steigerung der Salzproduktion, vor allem für das Einsalzen von fischen auf hoher See.

Die Kriese der Konservenindustrie und das Auftauchen der industriellen Kälte bedeuten das Ende für die Salinen auf den Inseln. Heute gibt es aus dieser Zeit nur noch eine Saline auf Fuerteventura, die Salinas del Carmen, die restauriert wurden und heute ein wichtiges historisches, landschaftliches, architektonisches, ethnographisches kulturelles und ökologisches Denkmal darstellen.

Das Meerwasser (mit 4% Salzkonzentration) wird über flache Kanäle aus dem Meer geholt. Es fließt durch eine Hauptleitung zu den Verdunstungsbecken. Es bleibt 15 - 20 Tage in den Verdunstungsbecken, jedoch nicht immer im gleichen. Dieser Prozess hat die Aufgabe, die Salzkonzentration durch Verdunstung auf 20% anzuheben. Anschließend wird dieses Wasser über Leitungen n Kristallisationsbecken geleitet. Die Salinen sind durch Windschutzwände aus vulkanischem Gestein geschützt. Das Wasser bleibt weitere 20 Tage in den Verdunstungsbecken, bis das Salz schließlich auskristallisiert. Der gesamte Vorgang wird 12 -14 mal in den Monaten März bis Oktober wiederholt. Das Salz wird an den seitlichen Hängen der Saline aufgehäuft, wo es das Restwasser verliert und gereinigt wird. Danach beginnt der Prozess von vorne mit der Aufnahme von Meerwasser.

Die Funktionsweise der Salinen bedingt auch ihre Lage: an flachen Orten, die von den Gezeiten bespült werden und eine starke Sonneneinstrahlung besitzen. Diese natürlichen Gegebenheiten werden durch Mechanismen wie Wasserräder, Ventile, Schleusentüren, etc. ergänzt.

Neben den natürlichen Salinen, wie die von Aguas Verdes, gibt es eine Reihe von künstlich angelegten : El Matorral in Morro Jable, Isla de Lobos, Puerto Cabras in Puerto del Rosario (nicht mehr vorhanden) und die Salinen El Carmen in Antigua, die restauriert wurden und die es wert sind, besichtigt zu werden.

Haus auf dem Land mit vulkanischem Türsturz

Traditionelle Häuser bei La Alcogida, Tefia

Wohnhäuser. Sie werden in zwei große Gruppen geteilt: Traditionelle Wohnhäuser der Bevölkerung und Herrschaftshäuser.

Was die einfachen Wohnhäuser so interessant macht, ist ihre totale Anpassung an die Landschaft und die vorherrschenden geografischen und klimatischen Gegebenheiten: der permanente Wind und der Wassermangel. Die Lage der Häuser wird bestimmt von der Lage des Wassereservoirs und dem natürlichen Schutz vor dem Wind. Die Bearbeitung der Steine, mit denen die Häuser gebaut wurden, ereichte eine große Perfektion, vor allem was die Dekoration von Türrahmen und Fenstersimsen angeht, bis das Weißen und Verziehren mit Kalk eingeführt wurde.

Das Schema der traditionellen, vor allem ländlichen Häuser ist sehr einfach: Der Grundriß ist ein Rechteck in dessen Inneren ein weiteres Rechteck den Innenhof bildet, von dem aus die Eingänge zu den Zimmern gehen, die nicht untereinander verbunden sind. Die Zahl der Zimmer hängt von den Notwendigkeiten und den finanziellen Möglichkeiten ab.

Die Baumaterialien stammen aus der näheren Umgebung und werden wenig oder gar nicht bearbeitet. Sie werden benutzt, so wie man sie in der Gegend oder an der Küste findet. Zuerst baute man mit trockenen Steinen, dann mit Steinen aus Lehm, dann mit Kalk und zuletzt mit Blöcken aus vulkanischem Sandstein und Zement. Die Dächer sind normalerweise Satteldächer. Früher waren sie aus *Pírganos* (zentraler Teil der Palmblätter), aus Ästen von Büschen oder von Pflanzen, die *Bobos* genannt werden (Nicotiana glauca). Später werden Latten und Platten aus Teakholz für die Dachstruktur benutzt. Die Dachabdeckung

Türsturz aus versteinerter Vulkanasche

Traditionelles Haus bei der "Casa de los Coroneles" in La Oliva. Im Hintergrund der Montaña del Frontón

Fenster des gleichen Hauses

ist die sogenannte Torte, eine Mischung aus Lehm und Weizenstroh. Die externe Struktur der Mauern besteht aus einem rauhen Putz, der nicht mit einer Reibe geglättet wird und von Zeit zu Zeit mit Kalk getünscht wird.

Die Wohnhäuser lagen normalerweise dicht bei der wirtschaftlichen Aktivität und sind meist nach Südosten orientiert. Die wichtigsten Räume dieser Häuser waren die Küche und der Wasserspeicher. Andere Einrichtungen wie Weinpressen, Keller, Dreschplatz, Ställe, Trockenboden, die Art des verwendeten Holzes und die Zahl der Fenster gaben dem Haus seine individuelle Note. Die Küchen dienten auch als Schlafraum und Versammlungsraum. Zum Kochen diente der *Tenique* (ein Stein auf dem Feuer mit Büschen oder Holzstämmen gemacht wurde), später benutzte man den *Reverbero* (ein kleiner Apparat, der mit Spiritus funktionierte), der schließlich durch andere Ofentypen und schließlich von Petroleumöfen ersetzt wurde.

Die Backöfen der Küchen gingen meist nach außen und bildeten einen Wulst in der Küchenwand. Sie waren meist kugel- oder zylinderförmig und hatten eine kugelförmige Decke. Das eigentliche

"Casa Isaítas", ein restauriertes Herrenhaus mit Hotel und exzellentem Restaurant. Pájara

Innere der Öfen war mit vulkanischen Steinen ausgekleidet, die zugleich leicht waren und die Hitze gut speicherten.

Die Schornsteine der Küchen weisen einen klaren maurischen Ursprung auf.

Die Wasserspeicher wurden da gebaut, wo das Gelände leicht abfällt. Das Wasser floß durch ein natürliches Sieb (Coladero), um Sedimente herauszufiltern. Das Sieb bestand aus gepressten Ginsterbüschen. Wenn der Wasserspeicher leer war, griff man auf die Brunnen zurück.

Die Herrenhäuser, deren Struktur eindeutig portugiesisch, andalusisch oder kastilisch beeinflusst ist, stehen im Zusammenhang mit der Macht der Lehensherren, der Kirche und der Verwaltung (Betancuria, Antigua, Pájara), des Militärs (La Oliva) und der Landwirtschaft (Tuineje, Antigua, Tetir, Casillas).

Gastronomie. Aus klimatischen Gründen und aus Tradition sind die Mahlzeiten einfach. Sie bestehen größtenteils aus Fisch und den landwirtschaftlichen Produkten der Insel und sind mit schmackhaften Soßen und besonderen Gewürzen zubereitet.

Die Beilage *Gofio*, die seit Jahrhunderten fast alle traditionellen Speisen der Insel begleitet, ist aus geröstetem Getreide hergestelltes Mehl. Der *Gofio amasado* besteht aus diesem Mehl, das mit Wasser, Milch, Fischbrühe, Kartoffeln, Honig, Wein, usw. in einer Kasserole verknetet wird. Der für Fuerteventura typische *Gofio* wird aus geröstetem Weizen- und Gerstenmehl zubereitet. Weizen und Gerste waren das auf der Insel am häufigsten angebaute Getreide. Beliebt ist auch der *Gofio de millo*, ein grobes Mehl aus geröstetem Mais.

Traditionelle Küche. Ansiedlung von La Alcogida. Tefía

Zum Trocknen aufgehängter Fisch

Weitere Beilagen bzw. Vorspeisen:

Papas arrugadas: kleine Kartoffeln mit Schale, die mit wenig Wasser und viel Salz gekocht werden. Dazu wird die scharfe Soße *Mojo picón* gereicht.

Der sogenannte "Queso majorero"(Käse aus Fuerteventura) aus Ziegenmilch ist auf Grund seiner Qualität möglicherweise das bekannteste Produkt der Insel.

Pejines: kleine Fische, z. B. Sardinen, Sardellen, etc., die erst an der Sonne getrocknet und dann im Ofen oder in der Pfanne geröstet werden, oder einfach kurz über die Alkoholflamme gehalten werden.

Weichtiere: Miesmuscheln, Schüsselschnekken und Venusmuscheln werden gedünstet oder eingelegt.

Schalentiere: Seespinnen, Krebse, Garnelen, Langusten und Entenmuscheln.

Gebratene Kraken und kleine Tintenfische.

Viejas vom Grill: Papagaienfisch, der gewaschen, rücklings aufgeschnitten und 24 Stunden lang an der Luft getrocknet wird.

Bei den Brühensind besonders typisch: die Fischbrühe, die Kartoffelbrühe mit Ei und die Maibrühe, eine Brühe mit hartem Brot und Zucchini oder mit Erbsen.

Die schmackhafteteste Eintöpfe sind: der Puchero canario mit Kichererbsen oder Bohnen und Eintöpfe mit Schüsselschnecken, Kaninchen, Hähnchen, Zunge, Kabeljau, gebratenem Fisch, rohem Krackbarsch, Oktopus, Wildtaube und junger Ziege. Als Beispiel hier das Rezept für die junge Ziege (cabrito): Man schneidet das Ziegenfleisch in Stücke, legt es in Salzwasser ein und brät es anschließend. Währenddessen brät man ein paar Scheiben Brot und ein paar Knoblauchknollen an. Man löscht mit genügend Wasser für die Soße ab und gibt etwas Essig, gemahlenen, schwarzen

Pfeffer und gehackte Petersilie hinzu.Das Ganze lässt man eine Zeitlang kochen und dann gibt man es zum Ziegenfleisch hinzu. Eine exquisite Mahlzeit.

Das gebratene Fleisch der jungen Ziege mit scharfer Soße (Mojo picón) und das eingelegte Kaninchen sind ebenfalls sehr typisch für die traditionelle Küche der Insel Fuerteventura.

Logischerweise wird auf der Insel viel Fisch gegessen: Eintöpfe mit Krackbarsch und Riesenbarsch, mit Kartoffeln oder Bataten und dann mit Mojo picón übergossen; Katzenhai mit Mojo, ein schmackhafter und zarter Fisch, der frisch und getrocknet angeboten wird; Papagaienfische, Meerbarben, Ziegenbarsche, Weißbrassen, Muränen, etc..., gebraten oder gekocht, mit Essig und Öl, etc. Die Liste ist unendlich.

Und nach dem Essen, ein guter Nachtisch: Ein Pudding aus Reismehl, Ananas mit Mandeln, süßes Gebäck oder Käsepudding; hier das alte Rezept: «Zu einem Pfund Käse gibt man ein Pfund Kuhfett, ein Pfund Zucker, zwölf Eigelb und sechs Eiklar. Alles gut schlagen und verrühren, in Formen geben und dann im Ofen backen.»

Wenn man zum Essen auch noch einen guten Wein getrunkenhat, war die Mahlzeit sicher ein voller Erfolg. ¡Guten Appetit!

Winsurfer en Jandía

Playa La Barca in Jandía. Ein ausgezeichneter Ort für Profis und alle, die es werden wollen

SPORT

Alle Ortschaften verfügen zumindest über einfache Sportanlagen, in denen eine ganzen Reihe von Sportarten getrieben werden können. Die meisten Hotels und Feriensiedlungen besitzen eigene Sportanlagen.

Bei den Sportarten unter freiem Himmel sind vor allem das Fischen, Jagen, Tauchen und Windsurfen zu erwähnen. In den folgenden Kapiteln findet man präzise Informationen über die Ausübung dieser Sportarten auf der Insel.

Fischen. Da diese Aktivität auch intensiv von Berufsfischern betrieben wird, muss verhindert werden, dass die natürlichen Reserven erschöpft werden. Deshalb gibt es festgesetzte Regeln, von denen einige im folgenden näher erklärt werden.

Sammeln von Miesmuscheln: Mindestgröße 7 cm, gemessen an der Längsachse. Schonzeiten, in denen jegliches Sammeln verboten ist: Vom 1. April bis zum 30. Juni und vom 1. September bis zum 30. November.

Fischen in Buchten: Es ist streng verboten, Buchten und kleinere Einbuchtungen mit Netzen zu sperren oder die Fische mit irgendwelchen Techniken in ein bestimmtes Gebiet zu treiben.

Sportfischerei in Küstengewässern:

Unter Wasser. Bei Nacht verboten. Ebenfalls verboten sind Preßluftflaschen, Fortbewegungsmittel mit Antrieb und Harpunen mit elektrischer, elektronischer oder explosiver Spitze. Verboten ist auch das Fischen mit Netzen, Reusen oder anderen Vorrichtungen. Das Maximum sind 5 Kg pro Person und Tag und für Gruppen mit mehr als 5 Mitgliedern 25 Kg pro Tag.

Es ist ebenfalls verboten, diese Art von Fischen in einer Entfernung von weniger als 250 m von Personen, einschließlich Fischerbooten, zu betreiben.

Die Gebiete, in denen Sportfischen erlaubt ist, sind die folgenden:

- El Jablito, von Puntilla bis Cabo del Agua.
- La Entallada, von Punta Toneles bis Gran Tarajal.
- Cofete, von Roque del Moro bis zur Punta de Amanay.
- Los Molinos, von Punta Caletones Mansos bis Playa de Tebeto.

Sportfischerei mit Booten. Maximal drei Haken und zwei Angeln pro Fischer. Maximal 4 Kg pro Person und Tag oder ein einzelner Fisch mit mehr Gewicht. Für Gruppen von mehr als 4 Personen ist das Limit auf 16 Kg festgelegt.

Hochseeangeln. Nicht erlaubt in einem geringeren Abstand von einer halben Meile zu den Berufsfischern. Limit: 3 Fische.

Bei den drei erwähnten Arten von Sport fischen darf die Beute nicht zu kommerziellen Zwecken benutzt werden, sondern nur für den Eigenbedarf. Außerdem dürfen maximal 10 Kg Fisch von Insel zu Insel mitgenommen werden.

Für die Ausübung des Sportfischens bedarf es einer Lizenz, die von der *Dirección General de Pesca* ausgestellt wird.

Es gibt Tabellen mit Mindestgrößen für alle Fischarten. Man bekommt sie in jedem Hafen, bei der lokalen Fischereiverwaltung oder bei der örtlichen Fischerbruderschaft.

Die Jagd. Wie schon für den Fischfang möchten wir hier die Bestimmungen, die von der Verwaltung (Consejo Regional de Caza) festgelegt werden, erwähnen.

Gejagt werden dürfen folgende Arten an bestimmtem Tagen, in den aufgeführten, festgelegten Zeiträumen:

2.-16. August. Hasen, mit Hund oder Frettchen.

23. August-29. November. Alle autorisierten Arten, mit Hund, Frettchen und Gewehr.

Die für die Jagd autorisierten Tage sind Sonntage, nationale Feiertage und der Namenstag der Virgen de la Peña.

Folgende Arten sind für die Jagd freigegeben: nordafrikanische Schnepfen, rote Schnepfen, Wachteln, Turteltauben, wilde Tauben, Hasen und Eichhörnchen.

Streng verboten ist das Jagen von finkenartigen Vögeln wie Stieglitzen, Zeisigen, Grünlingen, Hänflingen und wilden Kanarienvögeln auf der ganzen Insel. Erlaubt wiederum ist die Jagd nach Kaninchen mit Frettchen.

Ebenfalls streng verboten ist die Benutzung von Luftgewehren, Gewehren mit 22-mm-Munition, Waffen, die mehr als zwei Patronen im Magazin haben können und Munition, die schwerer als 2,5 g ist.

Sporthafen von Corralejo

Untersagt ist auch die Benutzung von Tonbändern mit Lockrufen, lebenden Lockvögeln, die geblendet oder sonstwie verstümmelt wurden und Pfeifen, die Lockrufe nachahmen.

Das Jagen in Feuchtgebieten wie Tümpeln, Stauseen, Salinen und Saladaren und 50 m Umgebung ist verboten.

Auch das Jagen von Fahrzeugen oder Motorbooten aus ist verboten.

Das Jagen mit Greifvögeln ist nicht erlaubt.

Um bestimmte Arten zu schützen oder auch aus Sicherheitsgründen ist die Jagd auf Vögel in den Gebieten von Madre del Agua (Betancuria) und in den Reservaten von Lajares (La Oliva), Laguna de Tesjuate (Puerto del Rosario) und der Landenge Istmo de Jandía (Pájara) verboten. Die Hasenjagd mit Hunden und Frettchen in diesen Gebieten ist erlaubt, jedoch muß eine Genehmigung eingeholt werden. Im Reservat von Castillo de Lara (Betancuria), im Naturpark der Dünen von Corralejo und der Isla de Lobos (La Oliva) ist diese Art von Jagd verboten.

Jagen während der Schonzeit wird als schwere Ordnungswidrigkeit geahndet.

Erlaubt sind 5 Jäger pro Gruppe, 4 Hunde pro Jäger oder 10 pro Gruppe. Maximal dürfen 4 Hasen und 4 Schnepfen pro Jäger und Tag oder 12 Stück pro Gruppe gejagt werden. Pro Tag und Jäger sind 5 Turteltauben und 15 wilde Tauben erlaubt.

Eier und Jungtiere zählen pro Einheit ebensoviel wie erwachsene Tiere.

Das unerlaubte Halten von/Handeln mit geschützten Arten wird bestraft.

Surfer in der Caleta del Hierro. Majanicho, La Oliva

Tauchen. Für alle diejenigen, die die Geheimnisse des Meeresgrundes und seiner Bewohner entdecken wollen, möchten wir eine Orientierungshilfe geben, die sich vor allem auf die Merkmale der Insel und die Infrastruktur für Taucher beziehen.

Die ozeanographischen Gegebenheiten der Insel hängen von der kalten Kanarischen Strömung und von den aufsteigenden Wasserbewegungen an der afrikanischen Küste ab. Das Wasser ist reich an Nahrung für die Meerestiere und diese Tat-sache, zusammen mit der Temperatur und dem Salzgehalt des Wassers bestimmen die Merkmale der Fauna und Flora in diesem Teil des Atlantiks.

Die Gezeiten sind ozeanisch und es gibt pro Mondtag zwei Ebben und zwei Fluten. Die größten Gezeitenunterschiede liegen bei 2,7 m in den Monaten Februar und September.

Die Wassertemperatur (17-23ºC), die Durchsichtigkeit des Wassers und das Fehlen von gefährlichen Spezies begünstigen das Tauchen vor der Insel.

Wie bei allen Inseln der Kanaren lassen sich auch in Fuerteventura zwei Formen des Meeresgrundes klar unterscheiden: die Wind- und die Windschattenseite.

An der starken Winden ausgesetzten Windseite findet man die meiste Zeit über schwierige Verhältnisse zum Tauchen vor. Diese Gebiete sind sehr artenreich, denn dort wurde traditionell weniger Fischfang betrieben, wodurch diese Gründe für den Sporttaucher sehr interessant sind, nicht zuletzt auch durch eine Vielzahl von Felsen, Höhlen und Untiefen.

Die Windseite geht in Fuerteventura von Corralejo bis zur Punta de Pesebre, an der Spitze der Halbinsel Jandía. Normalerweise kann man hier nur von Juni bis September tauchen.

Praktisch jeder Ausflug in die Tauchgründe dieser Zone geht vom Fischerdorf Ajui in der Gemeinde Pájara aus. Schon allein am Strand von Ajui kann man in eine faszinierende Welt von Felsen, riesigen Höhlen, steilen Wänden und breiten Gräben eintauchen, wo es vor großen Fischen nur so wimmelt. Man braucht nicht einmal ein Boot dazu.

Wenn man sich ein Fischerboot mietet, kann man zu den beiden interessantesten Stellen des ganzen Archipels gelangen: zu den *Bajones* (Untiefen) von La Cresta und La Herradura. Nur wirklich erfahrene Taucher sollten dieses gefährliche Abenteuer wagen.

Andere interessante Stellen zum Tauchen kann man von derselben Küste aus erreichen, nur einige hundert Meter weiter nördlich vom Strand von El Jurado aus.

Auf der Windschattenseite, die nach Süden hin offen ist, zeigt sich das Meer während des ganzen Jahres ruhig. Hier findet man die besten Einrichtungen für das Tauchen, und zwar immer bei größeren Feriensiedlungen: Corralejo, Caleta de Fustes, Costa Calma und Morro Jable.

Bei Corralejo, vor der Isla de Lobos, gibt es ein sehr felsiges Gebiet, ein zukünftiges Naturschutzgebiet, wo man auch wunderbare Eindrücke sammeln kann. Etwas weiter südlich gibt es interessante Stellen bei Las Salinas, besonders aber bei Jacomar, wo der nahegelegene Vulkan seine Lava ins Meer fließen ließ.

Nahe dem Feriendorf Morro Jable auf Jandía gibt es ein ganz besonders interessantes Tauchgebiet, das stark besucht und auch weit über die Kanarischen Inseln hinaus bekannt ist. Es handelt sich um eine Sandsteinwand, die über und über mit Spalten und Höhlen besät ist und in der die größte Ansammlung großer Fische der ganzen Insel lebt: beeindruckende Exemplare von Riesenzackenbarschen, Makrelen, Muränen und vielen anderen Arten, die an den Anblick von Tauchern gewöhnt sind.

Zur Beruhigung der Taucher soll erwähnt werden, daß es in Jandía eine Druckkammer gibt, die bei Tauchunfällen mit Dekompressionsproblemen zur Verfügung steht.

Windsurfing. Meer und Wind bieten an der Küste von Fuerteventura ideale Voraussetzungen für diesen Sport. Die besten Surfgebiete sind Jandía und die Küste vor Corralejo. Die zur Verfügung stehende Infrastruktur beeinflußt natürlich auch die Standorte der meisten Windsurf- und Segelschulen. Bei Caleta de Fustes, im Zentrum der Insel, ist ein weiteres bekanntes Surfgebiet. Fortgeschrittene Surfer wählen die Strände an der Windseite, wo das Surfen bei starkem Wind, aufgewühltem Meer und ohne jegliche Infrastruktur nicht gerade ein einfaches Unterfangen ist. Dort benötigt man eine eigene Ausrüstung.

Jahr für Jahr finden an den Stränden Jandías im Juli/August Läufe für die Surf-Weltmeisterschaften statt.

PUERTO DEL ROSARIO

Puerto de Cabras war bis Ende des 18. Jahrhunderts ein Landstrich, in dessen saftige Weiden die Hirten aus Tetir und Umgebung ihre Herden trieben und ihr Vieh an den Süßwasserquellen tränkten.

Die eigentliche Geschichte von Puerto de Cabras beginnt erst um das Jahr 1805, als Seeleute ihre Hütten neben den Ziegenställen errichteten.

Eine Frau namens María Estrada aus Tetir richtete in einem Steinhaus die erste Taverne ein. Durch den Handel mit Salzkraut wuchs dieser Ort, der schon 1810 eine außerordentliche Bedeutung erlangte, sehr schnell.

1806 trennte sich Puerto de Cabras von der Pfarrei Tetir und es wurde der Jungfrau des Rosenkranzes ein Altar errichtet.

Die Jahre nach 1808 waren Hungerjahre für die Insel.

Der Ort wuchs weiter, bis er sich 1835 endgültig von der Gemeinde Tetir trennte. Durch seine Bedeutung als Seehafen, seine geografische Lage und seine Stellung als Handelszentrum wurde er schließlich im Jahr 1860 zur Hauptstadt der Insel erklärt.

Die einzigen Exportartikel jener Zeit waren: Salzkraut, Orseille, Kaskarillrinde und Flechten. In den Jahren 1925-1926 werden Tetir und Casillas del Angel eingemeindet.

1956 wird der Name Puerto de Cabras durch den heutigen Namen, Puerto del Rosario, ersetzt.

Heute besteht die Gemeinde Puerto del Rosario aus den folgenden Orten: Tetir, Casillas del Angel, El Matorral, El Time, Escámez, Güisguey, La Ampuyenta, La Asomada, La Matila, Llanos de la Concepción, Puerto Lajas, Tefía und Tesjuate.

Das Gemeindegebiet umfaßt 290 km^2, reicht von Küste zu Küste und liegt im Durchschnitt 16 Meter über dem Meeresspiegel.

Dienstleistungen, Transport und Handel sind die wichtigsten Wirtschaftszweige der Stadt, gefolgt von Bauwesen und Industrie. Fischerei und Landwirtschaft haben für Puerto del Rosario, wie auch für die anderen Ortschaften der Insel, wirtschaftlich nur noch eine drittrangige Bedeutung.

Die wichtigsten Feste der Stadt: 1. bis 7. Oktober, das Fest der Stadtpatronin *Virgen del Rosario* und der Aschermittwoch.

Kulturgüter, die erwähnenswert sind:

Das Dorf La Alcogida, in Tefía, das repräsentativ für die volkstümliche Architektur der Insel ist: Steinwände, Wege, Nutzung des wenigen Wassers durch den Anbau auf Terrassen.

Die Kirche *Santa Ana in Casillas del Angel* mit ihrem originellen Turm aus schwarzem Gestein im Neokolonialstil und die im 18. und 19. Jahrhundert wiedererrichtete Kirche von Tetir, *Santo Domingo*, in der ein schönes Retabel und bemerkenswerte Malereien zu finden sind.

Nicht zu vergessen die Kapellen von La Matilla, La Asomada, El Time, Tefía und besonders die Kapelle *San Pedro de Alcántara* in La Ampuyenta.

Puerto del Rosario

LA OLIVA

Aufgrund der zahlreichen archäologischen Funde ist man zu dem Schluss gekommen, dass es in diesem Teil der Insel eine ansehnliche, frühgeschichtliche Ansiedlung gab und offensichtlich befand sich hier der Sitz des alten Königreichs Maxorata. Die ersten europäischen Siedlungen stammen aus dem 14. Jhdt.

Mit dem Anstieg der Bevölkerung wird der Bau einer Kapelle notwendig und ein Mönch aus Betancuria kümmert sich um die kleine Gemeinde. Im Jahre 1708 wird eine Kirche gebaut und im Jahre 1711 wird die Gemeinde unabhängig von Betancuria.

Im jahre 1708 werden die Militärregierung und der Posten des Obersten gegründet, der gleicheitig oberster Waffenherr ist und nur dem Generaloberst unterstellt ist. La Oliva wird permanenter Sitz der Militärregierung. Die Militärregierung hatte auch zivile Macht, die sie erst 1859 verlor, als das Regiment vom Kriegsministerium aufgelöst und der Oberbefehl an die Garnison in Puerto del Rosario übergeben wurde.

Seit 1812 ist La Oliva ein eigenständiges *Municipio* (Gemeinde + Gemeindegebiet).

Zum Municipio von La Oliva gehören die Ortschaften von Corralejo, El Cotillo, La Caldereta, Lajares, El Roque, Tindaya, Vallebrón und Villaverde. Das Gemeindegebiet von La Oliva hat eine Oberfläche von 356 Km^2 und die Hauptstadt liegt auf 219 m ü. NN.

Seine Wirtschaft basiert hauptsächlich auf dem Tourismus, der sich in Corralejo konzentriert, gefolgt von der Fischerei und der Landwirtschaft.

Die örtlichen Feste sind: Am 2. Februar die "Virgen de la Candelaria", am 19. März "San José" und am 16 Juli "Nuestra Señora del Carmen".

Kulturgüter der Gemeinde:

Das Haus der Obristen (Casa d. Coroneles) aus dem 18. Jhdt., eine relativ nüchterne Architektur mit zwei Stockwerken und drei Türmen. Quadratischer Grundriß mit Patio. 365 Fenster, so viele wie das Jahr Tage hat. Die Fassade hat 8 barocke Balkone aus Holz und über dem Portal sieht man das Familienwappen der Cabrera, dem 5. herrschenden Oberst, der das Gebäude errichten ließ.

Die Kirche, die der Jungfrau der Candelaria geweiht ist, hat drei Schiffe und eine Fassade aus schwarzem Gestein aus der Gegend. Sie ist eine der wichtigsten der Insel und in ihrem Innern gibt es einige bedeutende Gemälde.

Die archäologischen Funde in Tindaya, eine Kultstätte der Ureinwohner.

Die Festung von El Tostón, in El Cotillo, gebaut zwischen 1741 und 1743. Eingutes Beispiel für Festungen aus dieser Epoche.

Und auf der Montaña Quemada, eine Gedenkstätte für Miguel Unamuno (span. Schriftsteller, der nach Fuertev. verbannt wurde), der ein großer Freund und Verteidiger der "Durstigen Erde" war.

Pfarrkirche von La Oliva

Playa de Corralejo

Die Landschaft ist abwechslungsreich und in ihr findet man Zeugen aus allen geologischen Epochen. Materialien des Basiskomplexes, weite Ebenen, der salische Felsen von Montaña Tindaya, jüngere Lavafelder, große, U-förmige Täler und weite Dünenfelder, die sich in herrliche Strände mit weißem Sand verwandeln.

ANTIGUA

Die Ortschaft wurde vor 1485 gegründet und gehört zu den ältesten der Insel. Zu Beginn war es eine Ansiedlung andalusischer und normannischer Familien, die dort Ackerbau und Viehzucht betrieben.

Obwohl die Kapelle, die der Jungfrau von Antigua geweiht ist, eine der ältesten der Insel ist, wird Antigua erst im Jahre 1784 unabhängige Pfarrei.

Erst 1812 wird Antigua ein unabhängiges Municipio und Inselhauptstadt für eine kurze Zeit. Im 19. Jh. wird aus geographischen und wirtschaftlichen Gründen die Inselregierung in diesen Ort verlegt, was öffentliche Unruhen und das Eingreifen der Militärs zur Folge hatte.

Zum Municipio von Antigua gehören Agua de Bueyes, Caleta de Fustes, Las Pocetas, Las Salinas, Pozo Negro, Valles de Ortega, Triquivijate und Casillas de Morales.

Die Oberfläche beläuft sich auf 250,5 Km^2 und der Ort Antigua liegt auf 254 m ü NN.

Die Wirtschaft basiert hauptsächlich auf Landwirtschaft, mit und ohne Bewässerung in Gewächshäusern, und auf der extensiven Viehwirtschaft (Ziegen). Nur in Pozo Negro wird Fischereiwirtschaft betrieben. Was den Tourismus anbetrifft, muß man Caleta de Fustes erwähnen, ein Touristenzentrum, das immer mehr Arbeitsplätze schafft und in diesem Wirtschaftssektor immer bedeutender wird.

Die örtlichen Feste sind: Nuestra Señora de Antigua am 8. September und Fastnachtsdienstag.

Kulturgüter der Gemeinde: Die Kirche von Antigua aus dem 18. Jh. mit klarem franziskanischem Einfluss; die archäologischen funde von La Atalayita und El Junquillo; die Kapelle von Agua de Bueyes, die Nuestra Señora de Guadalupe geweiht ist und die Kapelle von Casillas de Morales; die Festung von Caleta de Fustes, aus dem 18. Jh. und die charakteristischen Windmühlen der Ebenen.

Die höchste Erhebung ist der Morro de Janana (674 m) im Massiv von Betancuria, das nach Westen hin abfällt und in eine Ebene übergeht, die den größten Teil des Gemeindegebietes einnimmt. Im Osten findet man eine Aneinanderreihung von U-förmigen Tälern, die den Lavamassen des Gairía und des Toneles als "Flußbett" dienten. Die Lavamassen dieser Vulkane formten das Malpaís Chico und das Malpaís Grande im Tal von Pozo Negro.

Blick auf Antigua vom Morro Velosa aus

TUINEJE

Die Geschichte dieses Municipio hat nicht viele wichtige Daten aufzuweisen. In Tuineje und Tarajal de Sancho gibt es einige frühgeschichtliche Funde. Nach der Konquista geht das ruhige Leben weiter bis zum Jahr 1590, in dem es dem Municipio von Betancuria angeschlossen wird. Erst 1790 wird die Gemeinde zur unabhängigen Pfarrei und trennt sich von Betancuria.

Im 17. und 18. Jhdt. wird seine Geschichte etwas turbulenter, bedingt durch die ständigen Piratenangriffe, die bei Gran Tarajal ins Landesinnere vordrangen. 1740 drangen englische Piraten ein, die jedoch bei der Schlacht in den Llanos de la Florida und bei Tamasite geschlagen wurden, obwohl die Inselbewohner den Eindringlingen in Zahl und Bewaffnung weit unterlegen waren. In dieser Schlacht wurden die Dromedare als Streitrösser benutzt.

1872 wird Tuineje unabhängiges Municipio. Zu ihm gehören Gran Tarajal, Tarajalejo, Giniginámar, Las Playitas, Tiscamanita, Tesejerague, La Florida, La Fuentita, Catalina García, Las Casitas und El Charco.

Gran Tarajal, das bis Anfang dieses Jahrhunderts praktisch entvölkert war, ist heute die zweitgrößte Ortschaft der Insel und größer als Tuineje, von dem es administrativ abhängt.

Die Fläche des Municipio beträgt 276 km² und der Ort Tuineje liegt auf 205 m ü. NN.

Das Charakteristische der Umgebung von Tuineje sind die weiten Ebenen, die von Barrancos durchsetzt sind. die Küste besteht aus Klippen, außer dort, wo Täler in Meer münden: Tarajalejo, Giniginámar, Gran Tarajal, Las Playitas und Gran Valle. Ein Teil des Naturschutzparks von Pozo Negro, in der Gegend um die Caldera de Los Arrabales, liegt ebenfalls im Gebiet von Tuineje. Das Massiv von Vigan, das vom Barranco del Gran Valle und dem Barranco del Roque umgeben ist, sind ökologisch interessant, und ein Spaziergang am Strand in dieser Gegend ist empfehlenswert.

In diesen Tälern findet man neben der üblichen Inselvegetation noch sehr viele Palmen- und Tamariskenhaine.

Die Wirtschaft basiert auf Fischfang, Landwirtschaft, Viehwirtschaft und Tourismus. In der Landwirtschaft sind die in Treibhäusern angebauten Tomaten der wichtigste Pfeiler, während die überall grasenden Ziegen die Basis einer bedeutenden Käseherstellung sind. Gran Tarajal, Las Playitas, Giniginámar und Tarajalejo sind die wichtigsten Fischerorte der Insel und die Feriensiedlungen bei diesen Orten gehören ebenfalls zu den wichtigsten.

Interessant ist der Anstrich der Häuser, die nicht in Weiß gehalten sind, um sich vor Angriffen von außen zu tarnen. Bei den prähistorischen Funden ist das Tagoror (Kultstätte) bei Tarajal de Sancho zu erwähnen. Bei den religiösen Gebäuden ist die Kapelle von San

Las Playitas

Marcos in Tiscamanita mit franziskanischem Einschlag zu erwähnen, ebenso wie die Pfarrkirche von San Miguel, auf deren Retabel die Schlacht von Tiscamanita dargestellt ist.

Die örtlichen Feste sind: La Candelaria am 2. Februar und San Miguel am 13. Oktober.

BETANCURIA

Der Ort wurde 1404 von dem gleichnamigen Eroberer der Insel gegründet und wurde kurze Zeit danach zur zweitwichtigsten Stadt der Kanarischen Inseln. Das Banner der Eroberung ist noch erhalten; es wird im Museum der Kathedrale ausgestellt und einmal im Jahr anläßlich der Angliederung der Insel an Kastilien im jahre 1405 unter Heinrich III. gehisst.

Die nach der Eroberung errichtete Kirche wird 1424 vom Papst Martin IV zur Kathedrale erhoben. Er ernannte auch einen Bischof, der jedoch nie auf der Insel residierte.

Im Laufe ihrer Geschichte wurde die Insel mehrmals von meist berberischen Piraten überfallen, von denen Xabán de Arráez am schlimmsten wütete, denn er ließ die Stadt und mitsamt ihren Archiven zerstören und verschleppte 600 christliche Gefangene. Dies alles geschah 1593. Schon im selben Jahr begannen die Arbeiten zum Wiederaufbau der Stadt und der Kathedrale, die erst 1691 vollständig beendet waren.

Von 1667 bis 1836 ist Betancuria Residenzstadt der Lehensherren. Bis 1837 beherbergte sie auch die Franziskaner, die ein bedeutendes Werk hinterließen.

Später wurde sie Sitz der Inselverwaltung, die bis 1820 die Geschicke der Insel gemeinsam mit den Lehensherren lenkte und später zum sogenannten Cabildo wurde.

Im Jahr 1812 erhält die Stadt durch die verfassungsgebende Versammlung von Cádiz eine eigene, unabhängige Verwaltung, verliert aber schließlich 1834 ihre Funktion als Inselhauptstadt.

Zu Betancuria gehören auch die Täler *Valle de Santa Inés* und *Vega del Río Palmas*.

Die Fläche des Gemeindegebietes beträgt 104 km^2 und Betancuria liegt auf 395 m ü. NN. Die Landschaft von Betancuria ist sehr schroff. Die höchste Erhebung ist der Pico Betancuria mit 724 m, der auch dem Bergmassiv, das hauptsächlich zum Basiskomplex gehört, seinen Namen gibt. Praktisch das gesamte Gemeindegebiet gehört zum Landschaftspark von Betancuria, der von großem landschaftlichen Interesse ist. Vom Morro Velosa bei der Landstraße nach Antigua hat man einen herrlichen Ausblick auf die Gegend.

Die wichtigsten Wirtschaftszweige des Ortes sind Landwirtschaft und Viehzucht, die hauptsächlich in den Tälern *Vega de Río Palmas* und *Betancuria* betrieben werden. Da an der Küste Ansiedlungen praktisch unmöglich sind, wird auch praktisch kein Fischfang getrieben; einen Beitrag zum Wohlstand der Ortschaft leisten neuerdings die Touristen, die den alten Stadtkern besuchen.

Die Gemeinde besitzt die wichtigsten Kulturgüter der Insel Fuerteventura. Die gesamte Altstadt von Beatancuria steht unter Denkmalschutz. Besonders hervorzuheben sind:

Die Kathedrale weist nach 100 Jahren Wiederaufbauarbeiten verschiedene Stile auf: Gotik, (maurisch-

Die Kathedrale de Betancuria

Straße in Betancuria.

spanischer) Barock, Renaissance und Mudejarstil. Die seitlichen neoklassizistischen Altarbilder sind erhalten, ebenso der barocke Hauptaltar, der mehrfarbig und mit Gold verziert ist. In der Kirche werden eine Gemälde- und eine Schnitzereisammlung sowie das möglicherweise älteste Silber der Kanarischen Inseln aus dem 16. Jahrhundert aufbewahrt.

Sehenswert sind auch die Ruinen des Franziskanerklosters *San Buenaventura*, dem Papst Benedikt XIII. im Jahre 1414 seinen Segen gab. Dieses erste Kloster der Kanarischen Inseln wurde 1460 wieder aufgebaut und erweitert. Im 19. Jahrhundert stürzte das Dach ein, was die Anlage in die heutige Ruine verwan-delte. Die Klosterkirche steht neben der Kapelle des Heiligen *Diego de Alcalá*, der hier begraben liegt.

Das Museum sakraler Kunst im alten Pfarrhaus, das 1983 restauriert wurde, zeigt Stücke aus allen Kirchen der Insel.

Das Museum von Betancuria stellt schließlich historische und völkerkundliche Stücke sowie Geräte aus Landwirtschaft und Viehzucht aus.

Die Kapellen *Valle de Santa Inés* und *Virgen de la Peña* in Vega de Río Palmas haben für die Insel eine große Bedeutung, da an den Festen zu Ehren der Heiligen stets die ganze Insel mit Umzügen und Tanz in Kneipen und auf der Straße teilnimmt. *Las Peñitas*, der Stausee in diesem Tal, der sein Wasser direkt aus dem Basiskomplex erhält, formt eine der schönsten Landschaften der ganzen Insel Fuerteventura.

Volksfeste: 14. Juli, Fest zu Ehren des Schutzpatrons der Insel, *San Buenaventura*; am dritten Samstag im September, Fest zu Ehren Schutzheiligen *Virgen de la Peña*, der Schutzpatronin der Insel mit einem großen Pilgerzug in Vega del Río Palmas; am 24. August, *San Bartolomé.*

PAJARA

Im 16. Jhdt. siedelten sich hier Fischer und Hirten an und gründeten einen Ort, der heute zu den ältesten der Insel gehört. Im Jahre 1708 wurde eine Kapelle gebaut, die der Jungfrau von Regla geweiht war und von der Kirchengemeinde Betancuria abhing. 1711 wurde die Gemeinde von Betancuria unabhängig und bildete eine eigene Pfarrei. 1729 wurde eine Garnison gegründet, die von La Oliva aus kommandiert wurde und die diesen Teil der Insel vor Angriffen schützen sollte.

Das Municipio von Pájara wurde 1812 unabhängig und zu ihm gehören: El Cardón, Chilegua, La Lajita, Matas Blancas, El Puertito, Puerto de la Peña (Ajuy), Toto und Morro Jable. Die Kirche von Pájara mit zwei Schiffen und wichtiger Fassade am Hauptschiff im klassischen

Die Kirche von Pájara

Pájara ist vor allem wegen seiner langen Sandstrände zu erwähnen. Strände auf d. Windschattenseite von Jandía

Stil, dreieckig mit Rosette und auf Säulen gestützt. Das Interessante sind die Motive, die aztekisch inspiriert sind wie Sonnen, Schlangen, Löwen, Tauben usw., deren Ursprung nicht genau bekannt ist.

Die Gesamtoberfläche des Municipio beträgt 383,6 Km^2, es hat 15 000 Einwohner und der Hauptort liegt 196 m ü NN. Pájara ist die Gemeinde Spaniens mit der längsten Küste (150 Km, von denen 70 Km Strände sind). Die meisten Einwohner leben an der Küste von Jandía.Das Bedeutendste sind seine Strände, auf der Luv- und auf der Leeseite der Insel. Die höchste Erhebung ist der Pico de La Zarza (807 m). Der Istmo de La Pared teilt das Gebiet in zwei unterschiedliche Zonen. Es ist eine 4 Km breite Landenge, die von Küste zu Küste mit Sand bedeckt ist.

Der Tourismus ist die Haupteinnahmequelle und Jandía ist das wichtigste Touristenzentrum. Die Landwirtschaft produziert hauptsächlich Tomaten und Kartoffeln in Treibhäusern und auf bewässerten Feldern. Die Viehwirtschaft ist ebenfalls sehr wichtig, denn es gibt große, nicht bebaute Flächen, wo die Ziegen grasen können. Ein weiterer, jedoch nicht so wichtiger Wirtschaftfaktor ist die Fischerei, die ihre Zentren in Ajuy, La Lajita und Morro Jable hat.

Die örtlichen Feste sind: Nuestra Señora de la Regla am 2. Juni und Nuestra Señora del Carmen am 16. Juli.

Playa de Morro Jable

BIBLIOGRAFIE

Das vorliegende Buch ist eine Übersetzung aus dem Spanischen. Der Autor hat mit zahlreichen Quellen gearbeitet, die logischerweise in spanischer Sprache verfasst sind.

Da die spanische Sprache immer mehr an Gewicht gewinnt, meinen wir, dass die unten angegebenen Quellen für den einen oder anderen Leser interessant sein könnten.

Allgemeine Themen

- J.M. HERNANDEZ-RUBIO CISNEROS: "Fuerteventura en la Naturaleza y la Historia de Canarias"
- J. M. HERNANDEZ-RUBIO CISNEROS: "Fuerteventura hasta la abolición de los Señorío. 1477-1837"
- CABILDO INSULAR: "Plan Insular de Ordenación de Fuerteventura". 1992

Geologie

- CONSTANTINO CRIADO HERNANDEZ: "Evolución del Relieve de Fuerteventura".
- ARANA V. y CARRACEDO, J.C.: "Los Volcanes de las Islas Canarias II. Lanzarote y Fuerteventura". 1979. Editorial Rueda.

Ökologie

- Colección de láminas sobre Fuerteventura:
  a) Los Fósiles de Fuerteventura en su Historia Geológica.
  b) La Fauna Jandiense.
  c) Los Depósitos del Inicio del Pleioceno y sus Fósiles.
  d) El Jandiense: Estratigrafía en Las Playitas.
  e) El Erbaniense y su Fauna.
- BRAMWELL, D.& BRAMWELL.Z.: "Flores Silvestres de las Islas Canarias". 1990.
- KUNKEL, G.: "Flora de la Isla de Lobos". Cabildo Insular de Gran Canaria. 1970.
- MORENO, J.M.: "Guía de las aves de las Islas Canarias". 1988.
- MARTIN, P. y CARDONA, A.: "Avifauna Canaria II. Aves de zonas bajas". Cabildo Insular de Fuerteventura.
- MIGUEL PIZARRO: "Peces de Fuerteventura". Consejería de Agricultura y Pesca.
- ALEJANDRO GONZALEZ MORALES: "Estructuras Agrarias Recientes de Fuerteventura".

Geschichte, Kunst, Archäologie und Sprache

- Tomos I, II, III y IV: "Jornadas de estudio sobre Fuerteventura y Lanzarote".
- ANTONIO DE BETHENCOURT Y AURINA RODRIGUEZ: "Ataques ingleses contra Fuerteventura. 1740".

Sitten und Bräuche

- RAMON F. CASTAÑEYRA: "Memoria sobre las costumbres de Fuerteventura". Prólogo, introducción y notas de FRANCISCO NAVARRO ARTILES.
- PEDRO CARREÑO FUENTES. "Recetas culinarias".
- Revistas El Zurrón.

Wirtschaft, Politik

- CARMELO DOMINGUEZ HORMIGA: " El Sector Primario en Fuerteventura. Canales de Comercialización".
- CARMELO DOMINGUEZ HORMIGA: "Política turística en Fuerteventura".

Gedichte

- DOMINGO VELAZQUEZ: "Los caminos".
- MIGUEL DE UNAMUNO: "De Fuerteventura a París".
- DOMINGO VELAZQUEZ: "Poemas del sueño errante"
- M. HORMIGA: "Poemas de Pe a Paz".
- MAXIMILIANO TRAPERO: "Romancero de Fuerteventura".

Comic

- "La Batalla de Tamasite". El Cuchillete.

Landkarten

- Mapa Geológico de España (1:50.000). Instituto Geológico y Minero de España. C.S.I.C.
- Cartografía Militar de España (Serie L, 1:50.000; Serie C, 1:100.000) Servicio Geográfico del Ejército.
- Mapa de RAI Ediciones, 1:100.000
- Fotografía aérea (1hoja): 1:100.000. RAI Ediciones.

INTERESSANTE ROUTEN

Bei der Ausarbeitung der Reiserouten waren folgende Kriterien vorrangig: Einerseits wollen wir Ihnen einen Eindruck von den verschiedenen Landschaften der Insel geben, und andererseits möchten wir Ihre Gewohnheiten etwas ändern und kanalisieren, denn die Landstraßen sind nicht geeignet für langsame Besichtigungstouren und ebenfalls nicht für öfteres Anhalten. Die Feldwege sind nicht geeignet zum Autofahren und so bewegt sich der meiste Verkehr auf nicht befestigten Pisten. Um der Landschaftszerstörung entgegenzutreten, die durch das ungezügelte Querfeldeinfahren weiter voranschreitet, versuchen wir hiermit, den Urlauberverkehr mit diesen empfohlenen Routen etwas zu kanalisieren.

Unter den meistbefahrenen Pisten haben wir die ausgewählt, die die meisten natürlichen Reichtümer der Insel zeigen und die gleichzeitig sehr abwechslungsreich sind. Obwohl die Pisten auch andere Fortbewegungsmittel zulassen, empfehlen wir Allradfahrzeuge, die in einigen Fällen unabdingbar sind. Auch das Fahrrad paßt sich den meisten Pisten ganz gut an, jedoch müssten einige Routen in mehreren Etappen bewältigt werden. Zwei der Routen sind nur zu Fuß zu machen (Lobos und Pico de La Zarza) und für andere empfehlen wir kürzere oder längere Fußmärsche, um wunderschöne Plätze zu sehen, an die man mit dem Auto nicht herankommt.

Jede Route wird begleitet von schriftlicher und graphischer Information (Zeichnungen und Fotos). Die Begleittexte enthalten allgemeine Informationen und eine genaue Beschreibung der Route. Die angegebene Zeit ist großzügig berechnet und schließt Fußmärsche, ein Bad im Meer und/oder Erholungspausen mit ein. Die Bewertung (leicht, mittel, schwer) bezieht sich auf die Annahme, das die Routen mit einem 4x4-Fahrzeug unternommen werden.

In den Beschreibungen sind alle Informationen enthalten, auch die, die sich auf die Umwelt, Vegetation, Fauna usw. beziehen. Wir haben versucht, komplizierte Fachausdrücke zu vermeiden, jedoch werden die heimischen Pflanzen und Tiere, die geologischen Formationen und die Ortsnamen häufig erwähnt, in der Annahme, dass der Leser diese kulturelle Last zu schätzen weiß.

Die Zeichnungen basieren auf Luftaufnahmen im Maßstab 1:25.000, in die wir nachträglich Namen und Daten eingetragen haben. Der Maßstab variiert ein wenig, abhängig vom Platz im Text, jedoch liegt er stets bei 1 cm = 250 m.

Vom ersten Moment an, als wir die Idee hatten, einen Reiseführer zu schreiben, hat uns der Naturschutz die Hand geführt. Die Routen sind absolut nach diesem Kriterium ausgearbeitet. Wir sind überzeugt, dass man das, was man kennt, besser schützt, und im Falle der Insel Fuerteventura muß man vieles lernen, bevor man ihr Wesen wirklich schätzen lernt.

Die Kanarischen Inseln haben eine ausreichende Umweltgesetzgebung, die jedoch wenig in die Praxis umgesetzt wird (in anderen Kapiteln dieses Buches werden einige Gesetzestexte wiedergegeben). Ein Beispiel ist das Einrichten von Naturschutzgebieten, jedoch ohne genau festgelegte Grenzen, was die Ausarbeitung der Reiserouten erheblich erschwert hat. Unabhängig von den Gesetzen und Strafen für deren Nichtbeachtung ist der persönliche Kompromiss mit der Natur die beste und möglicherweise einzige Garantie für ihren Schutz. Die Regeln, die zu beachten sind, sind sehr einfach, in vielen Fällen liegen sie auf der Hand und stehen im Einklang mit dem gesunden Menschenverstand. Die Pisten verlassen, die Vegetation beschädigen, wild lebende Tiere stören, campen, Feuer machen, jagen und fischen (Schonzeiten, Orte und/oder geschützte Arten) ohne sich vorher entsprechend zu informieren dürften wohl nicht zum gesunden Menschenverstand zählen, ob sie nun per Gesetz bestraft werden oder nicht.

Obwohl ein Reiseführer immer begrenzt ist, glauben wir, ein nützliches Dokument verfasst zu haben, und das nicht nur für den Besucher, sondern auch für den Majorero, der sein Wissen über seine Heimat vertiefen will bzw. für Kinder und Jugendliche im Schulunterricht. Wir hoffen, dass dieser Führer dazu beiträgt, den Leser bei der Entdeckung Fuerteventuras zu leiten. Unsere Reisen führen durch Ebenen, Berge, Lavafelder, Schluchten und natürlich auch über Klippen an die Küste, zu den langen und mit goldenem Sand bedeckten Stränden.

Sonnenschutz für Kopf und Haut, ein entsprechendes Schuhwerk, Wasser und ein bißchen Proviant ist alles, was man braucht, um das Vergnügen und die Entspannung, die in allen Routen enthalten sind, zu genießen. Unser Wunsch ist, dass Sie die Ausflüge ebenso genießen wie die Autoren, und dass dieser Führer dazu beiträgt, die Einzigartigkeit und die strenge Schönheit der Landschaften Fuerteventuras für Sie verständlich zu machen.

CORRALEJO - EL COTILLO

LÄNGE	DAUER	SCHWIERIGK
26 km	3-4 Stunden	leicht

Anfahrt: Piste entlang der Küste, die im Norden der Siedlung Corralejo *(Morro de La Vieja)* beginnt.

Beschreibung: Die vorgeschlagene Route verläuft im Norden Fuerteventuras zwischen den Orten Corralejo und El Cotillo. Weiße Dünen, Lavafelder und natürlich das Meer beherrschen das Panorama auf dieser Fahrt.

Zu Beginn sehen wir im Landesinnern die kegelförmigen Erhebungen *Bayuyo* und *Las Calderas*, die zur Kraterlandschaft vulkanischen Ursprungs *Calderón Hondo* gehören, deren Ausläufer sich bis zur Insel *Isla de Lobos* hinziehen. Der Weg führt uns am Rande der *Caldera Encantada*, einer hundert km^2 großen Fläche aus jungem Lavagestein (*Malpaís*) vorbei. Die Vulkanausbrüche, die diese Flächen geschaffen haben, waren "ruhig", das heißt, sie dauerten relativ lange. Die Vulkane mit gezacktem Kraterrand (die Ausnahme bilden einige "perfekte" Krater wie der *Calderón Hondo, Montaña de la Mancha, Montaña de Lomo Blanco*) produzierten riesige Mengen Lava, die aus den Rissen am Fuße der Kegel hervorbrach. Diese vulkanische Aktivität führte zu einer Verlängerung der Insel in Richtung Norden. Dabei wurde die Dünenlandschaft begraben, die damals die Küste bildete. Heutzutage tritt sie teilweise im Landesinnern mit vielen Fossilien an die Oberfläche.

Nachdem wir eine kleine Sandfläche am *Morro de la Vieja* hinter uns gelassen haben, gelangen wir an den Rand des *Malpaís*, das teilweise von Geröll befreit wurde, welches dann zu Mauern aufgeschichtet wurde. Nach einer ziemlich unebenen Landschaft aus Basaltgestein erreicht man eine ganz charakteristische Gegend. Weißdorn, Ginster und Thymian sind einige der Pflanzen, die sich auf der Lava ansiedeln konnten; die Flechten beherrschen jedoch bei weitem die Vegetation auf den Lavafeldern. In den Tälern mit ihren vom Wasser angeschwemmten tonhaltigen Erdschichten ist das Buschwerk, *Matamoros* oder *Rama* genannt, dichter. Im Mündungsbereich der Täler, der durch die Gezeiten immer wieder vom Meer überflutet wird, ähnelt die Vegetation der einer Salzwiese.

Nach etwa fünf Kilometern erreichen wir in der Bucht *Caleta del Mejillón,* eine Flussinsel aus organischem Sand, die eine interessante, bis zu eineinhalb Meter hohe Vegetation aus Salzpflanzen aufweist. Im Landesinnern bilden die Berge *La Mancha*, *La Raya* und *Lomo Blanco* eine weitere Vulkankette in NO-SW-Richtung. Im Bereich dieser Vulkane finden wir eine ganze Reihe von kleinen Schloten und Kratern, die sich durch Gasentwickling in der Lava und die dadurch entstehenden Blasen bildeten.

Drei Kilometer weiter gelangen wir an die *Caleta del Barco*, eine zum größten Teil sumpfige Bucht, die

häufig von Wasservögeln, z. B. von Strandläufern, Regenpfeifern, usw. besucht wird. Wir befinden uns in *El Jablito*, einer Düne, die sich über das Lavafeld bis hin zum Fuße des *Montaña del Lomo Blanco* zieht. Am Westende der Sandfläche befindet sich *Majanicho*, eine breitere Bucht mit seichtem Wasser, die den anderen Buchten ansonsten sehr ähnelt. Der Weg, der von *Majanicho* über die Lavaebene nach Lajares führt, teilt sich; wir folgen der Küstenstrecke. Das nächste Tal ist von Steinen mit grünen Wasserpflanzen bedeckt, auf dem wir wieder das typische *Matamoros*, das mit Salzpflanzen und Hauswurz durchsetzt ist, finden.

In der *Caleta del Hierro* wächst die Seepflanze *Seba*, die eine Art Wiese bildet und für die Fische ideal zur Fortpflanzung ist. Die Flut säubert diese Wiese und lagert die Reste weiter oben am Ufer ab.

Diese Pflanze gab der nächsten Bucht ihren Namen, die *Caleta La Seba*. Farbe, Struktur und Zusammensetzung des Sandes sind hier anders als in den bisher besuchten Buchten, was uns schon auf eine Veränderung der Landschaft in der Gegend um *El Cotillo* vorbereitet. Der Kontrast zwischen dem weißen Sand und der schwarzen Lava wird von den Grün- und Blautönen des Meeres noch betont. Der vorherrschend aus Salzpflanzen bestehende Bewuchs der Dünen träg zur außergewöhnlichen Schönheit dieser Landschaft bei.

Zwei Kilometer von der *Caleta de Seba* entfernt finden wir die *Caleta de las Salinas* und noch einmal 1,5 km weiter die *Caleta de Beatriz*. Im hinteren Teil dieser letztgenannten Bucht finden wir über dem angrenzenden Lavagestein, wie auch dann wieder in der Nähe von *El Charcón*, einen interessanten Bewuchs mit *Tabaiba*.

In *Punta Aguda* verlassen wir das Lavafeld und fahren in die Dünen. Die typischen Pflanzen, die in dieser Gegend auf den Sandböden wachsen, heißen: *Tabaibilla, Balancón, Uva de Mar, Corazoncillos* und *Salado*. Hervorzuheben wäre noch der *Ononis*, ein

kleiner Busch aus der Familie der Schmetterlingsblütler mit kleinen, dunkelgrünen Blättern und gelben Blüten; ein Leckerbissen für das weidende Vieh.

In der näheren Umgebung des Leuchtturms von Tostón befinden sich einige wunderschöne Buchten (*Caleta de Marrajo, de la Aduana, del Rio*, etc.), die zum Verweilen geradezu einladen. Am Ufer kann man häufig ruhende oder nach Futter suchende Wasservögel beobachten. Vom Leuchtturm aus geht es 4 km über eine asphaltierte Straße, die dann in einen nicht befestigten Weg über die Lava und Dünen bis hin zu den Feriensiedlungen vor El Cotillo übergeht. Die Route endet am Strand *Playa de Marfolín*. Von einer Höhe von nur 1-2 Metern über dem Meeresspiegel kann man über den zwischen 6.000 und 8.000 Jahre alten, teilweise von Felsen unterbrochenen Strand blicken, dem wir von Corralejo aus gefolgt sind.

El Jablito

LAJARES - CORRALEJO (Malpaís Caldera Encantada)

LÄNGE	DAUER	SCHWIERIGK
15 km	3-4 Stunden	leicht

Anfahrt: Von Lajares aus: Abzweigung, die auf die Straße von La Oliva nach Corralejo führt.

Beschreibung: Das Lavafeld *Malpaís de la Caldera Encantada* oder auch *Bayuyo* (jüngerer Vulkanismus, Serie IV) entstand vor mehr als 8.000 Jahren durch eine Vielzahl von Eruptionen an den verschiedensten Punkten, was dazu führte, daß die Nordküste Fuerteventuras vergrößert wurde. Die vorgeschlagene Route führt teilweise über die alte Straße, die das Inselinnere mit dem Hafen von Corralejo verbindet und sich um die Vulkane der NO-SW-Kette windet, welche bei Lobos endet.

Von Lajares aus fahren wir auf die Landstraße, die La Oliva mit Corralejo verbindet (km 32). Zu beiden Seiten dieses Weges sehen wir fossilen Sand, der die ursprüngliche Küstenlinie anzeigt sowie Tonablagerungen, die sich durch die von der Lava verursachten Veränderungen im Entwässerungssystem bildeten.

Etwa 2 km von Lajares entfernt biegen wir links in einen Weg ein, der uns über das Lavafeld näher an die große Vulkankette heranführt. Wir bewegen uns auf einem sehr unebenen Gelände über Basaltgestein, das früher einmal unter dem Meeresspiegel lag.

Die Piste führt uns an den Fuß der *Caldera Rebanada* (244 m), einen der Hauptvulkane der Kette, der mehrere Spitzen aufweist und halbmondförmig nach NW hin geöffnet ist. Nachdem wir die Südseite des Vulkans hinter uns gebracht haben, richtet sich der Weg nach Norden. Genau an dieser Kurve beginnt ein von der Inselverwaltung hergerichteter Fußweg, der mit großen Felsbrocken gekennzeichnet ist.

Dieser Pfad lädt zu einem bequemen, angenehmen, etwa einstündigen Spaziergang über das Lavagestein ein und führt uns zu den Kegeln des *Calderón Hondo* und *Montaña Colorada*. Ein weiterer Abzweig bringt uns auf den Gipfel des *Calderón Hondo* (272 m), dem einzigen "perfekten" Krater dieser Kette, der aus erstarrtem Lavaauswurf und Asche besteht. Der andere Abzweig führt auf der Höhe des *Montaña Colorada* zu einem Weg nach Lajares. Dieser Berg zeigt eine sehr große Ähnlichkeit mit dem Vulkan *Caldera Rebanada* am SW-Ende dieser Kette.

Auf diesem Weg können wir beobachten, welche Pflanzen sich auf der Lava ansiedeln: ein relativ lichtes Gebüsch aus *Rama, Espino, Verode, Mimos* und *Feigenkakteen*. Stellenweise taucht auch *Tabaiba dulce* auf. Das Gestein ist von den verschiedensten Moosen überzogen, wobei die Grüntöne des Mooses *Aican* vorherrschen.

Was die Fauna anbetrifft, so sind besonders Vögel und Eidechsen in der Lavalandschaft vertreten. Am häufigsten sieht man die Vogelarten *Zarzalero, Pájaro moro,* Strandpieper und einen kleinen Raubvogel, den Turmfalken. Im Frühjahr ist es nicht schwer, zwischen den Felsen die Brutstätten des Felsenhuhns mit seinem zahlreichen Nachwuchs auszumachen.

Von der *Caldera Rebanada* aus fahren wir weiter in Richtung Corralejo, an den Vulkanen *Caldera Encantada* und *Las Calderas* vorbei. Beide haben die charakteristische, nach Osten hin geöffnete Hufeisenform.

Ein Stück weiter bilden die Vulkane *Bayuyo* und *San Rafael* das Ende dieser Kette. Sie sind wie zwei nach NO bzw. NW hin geöffnete Hufeisen angeordnet. Im Nordwesten sieht man an den Hängen des *Las Calderas* und des *Bayuyo* die sog. *Hornitos* (wörtlich: kleine Öfen), d. h. Erhebungen, die sich durch

Blick vom Calderón Hondo auf die Ausrichtung der Vulkane.

Ansammlungen von Gas unter der Lava gebildet haben.

Vom *Bayuyo* (269 m), der höchsten Erhebung dieser Kette aus, kann man die anderen Vulkane der Umgebung, deren Lavaströme ebenso zur Ausbildung des *Malpaís* beigetragen haben, klar erkennen. Etwa 2 km nordwestlich, hinter den *Hornitos*, können wir eine zweite, aus drei Vulkanen bestehende Kette ausmachen, die parallel zu der angeordnet ist, auf der wir uns gerade befinden. Es handelt sich um die Vulkane *Lomo Blanco* und *La Mancha*, beides perfekte Kegel; dazwischen liegt der kleine Hügel *Montaña de la Raya*. Östlich des *Bayuyo* befindet sich noch ein abgelegener Vulkankegel, der *Montaña del Cuervo*, dessen Lava sich bis zur Küste von Corralejo erstreckt, wo sie allerdings unter den Dünen begraben liegt. Auf der Höhe des *Bayuyo* bildet der Vulkan *La Caldera* (110 m) das NO-Ende dieser großen Kette, die vor der Küste Fuerteventuras auf der Isla de Lobos ihren Ursprung findet. Jenseits von *Malpaís* und Dünen, auf der anderen Seite der Landenge *Estrecho de la Bocaina*, können wir das Touristenzentrum *Playa Blanca*, die Ebenen von *El Rubicón* und das Massiv *Los Ajaches* im Süden Lanzarotes erkennen.

Weiter geht es nach Hoya del Caballo. Auf diesem Stück geht das Lavagestein nach und nach in Sand über, welcher das Lavagestein bei Corralejo schließlich vollständig bedeckt. Die Landschaft ändert sich nun radikal. Der starren Vulkanlandschaft stehen nun die ständig in Bewegung scheinenden Dünen entgegen, deren besondere Flora sich an die Lebensbedingungen im Sand angepaßt hat. An der Küste angelangt, sieht man am Horizont die Umrisse großer *Balancones* (Trajanum moquinii) auf den Dünen hinter dem Strand.

3·GC·2·842

EL COTILLO - LOS MOLINOS

LÄNGE	DAUER	SCHWIERIGK
31 km	4-5 Stunden	leicht

Anfahrt: Castillo (Festung) del Tostón, am Südende der Siedlung El Cotillo.

Beschreibung: Wir bewegen uns auf einer "*Rasa*", einer kahlen, aus dem Meer aufgetauchten Plattform. Am Fuß der Steilküste sind verschiedene goldgelbe Strände zu sehen, die sich teilweise in die Mündungen der Flußläufe hineinziehen, von denen einige das ganze Jahr über Wasser führen. Von hier aus haben wir die Möglichkeit, verschiedene Tierarten zu beobachten, besonders Vögel wie den Strandpieper, den Triel, den Regenpfeifer oder den Strandläufer.

Die höchste Erhebung, die an dieser Stelle im Landesinnern zu sehen ist, ist der Vulkan *Montaña Blanca*. Schaut man weiter in die Ferne, lassen sich die Umrisse des *Tindaya* und die Spitze des *La Muda* erkennen. Wir durchqueren eine steinige Ebene, deren verkrustete Oberfläche dünn mit Sand bedeckt ist. Ein paar Dünen sind mit dornigem Gestrüpp und einigen anderen, an die Lebensbedingungen auf sandigem Boden angepaßten Pflanzen, bewachsen. Am Fuß der Steilküste befindet sich der Strand *Aljibe de la Cueva*, an dessen 20 m breiten Böschung man auf fossilen Sand aus dem Quartär trifft, woran wir sehen können, wie sehr sich der Meeresspiegel verändert hat. Hinter dem eigentlichen Strand befinden sich an Pflanzen befestigte Dünen und südlich davon gibt es einen kleinen von Uferböschungen eingefassten Bach, der meistens Wasser führt.

Zum nächsten Strand, *Playa del Aguila*, gelangen wir über eine Treppe. Der Fahrweg führt jedoch weiter an der Steilküste entlang zum Strand an der Mündung der Schlucht *Esquinzo*, an deren Hängen man fossilen Sand unterschiedlicher Erdzeitalter beobachten kann. Der Bach ist von Büschen überwachsen, aus denen nur einige baumähnliche Sträucher herausragen. Dazwischen fließt ein kleines Rinnsal, das kleine natürliche Wasserbecken bildet. Am meisten prägt die Landschaft an dieser Stelle wohl die riesige Düne, die sich am Nordrand der Schlucht vom Strand bis an den Rand des Felsenriffs erhebt.

Der Weg führt ein Stück in die Schlucht hinein, um dann über den Südhang bei *Punta de los Caletones* wieder den Oberrand des Riffs zu erreichen. Wir bewegen uns nun oberhalb der *Esquinzo*-Schlucht, auf einer sehr kahl wirkenden Ebene. Nur einige Kriechpflanzen erscheinen ab und an zwischen den Steinen, während einige Stellen wie Inseln mit Ginster bewachsen sind. Die Grün-, Weiß-, und Ockertöne der Moose und Flechten, die

sich über die Felsen ziehen, geben der Landschaft ihre Farbe.

Etwa bei km 11 unserer Route kreuzen wir die Piste nach Tindaya, und 300 Meter weiter befindet sich, 40 m über dem Meeresspiegel, der *Paso Chico*, ein geodätischer Scheitelpunkt. Die Piste verläßt die Ebene des *Malpaís* und führt uns über sehr steinigen Boden zum Flusslauf *Barranco de Tebeto*. Der Tebeto führt mehr Wasser als der Esquinzo und auch er endet an einem goldgelben Sandstrand am Meeresufer. Sein Lauf ist auch mit Gebüsch bewachsen. Von nun an kommt uns die Landschaft wieder bekannt vor. Die Küste wird von kleinen Stränden und natürlichen Becken gesäumt, was uns von der Höhe der Steilwand aus ein herrliches Panorama bietet.

Wir kommen zum *Barranco de Jarugo*. Hier finden wir den letzten goldgelben Sandstrand unserer Route. Der Strand ist von Basaltformationen eingerahmt, die der ungestümen Kraft des Meeres ausgesetzt sind. Hinter dem eigentlichen Strand erheben sich an großen *Balancones* (s.o.) befestigte Dünen. Dieser Flußlauf führt das ganze Jahr über Wasser. Er ist offener als die anderen, zeigt aber auch den charakteristischen Bewuchs der Uferböschung. Im Landesinneren steht stolz der *Pico de la Muda*.

Um zum nächsten *Barranco* zu gelangen, müssen wir erst einmal auf der Höhe der Schäferhütte den Höhenunterschied von der Oberkante der Schlucht bis zum Flußufer überwinden, was die einzige relative Schwierigkeit dieser Route darstellt, wofür wir aber mit einem herrlichen Ausblick belohnt werden. Wir gelangen zu den *Casas de los Molinos*. Von diesem Punkt aus verlassen wir die Küste und fahren ins Landesinnere. Um den Ausflug abzurunden, gibt es nun die Möglichkeit, zu Fuß einen Spaziergang durch das Tal zu machen, oder aber der asphaltierten Straße bis Las Parcelas zu folgen, von wo aus man auf eine Piste gelangt, über die man nach 2 km die Talsperre *Los Molinos* und noch einmal 5 km weiter die Siedlung Los Llanos de la Concepción erreicht.

SPAZIERGANG (2-3 Std.): Der Weg folgt dem Bach zwischen *Matamoros*-Büschen und großen Basaltblöcken hindurch. In der Mitte der ersten Kurve, an dem Hang, der am sanftesten abfällt, tritt fossiler Sand an die Oberfläche. Der helle Sand zwischen den schwarzen Basaltformationen und der roten Erde bildet einen markanten Kontrast. Der Hang ist von dornigem Gebüsch bewachsen. Der *Barranco* und die Talsperre von *Los Molinos* ist für Ornitologen eine der interessantesten Stellen der Insel. Die verschiedensten Vogelarten, darunter auch Raubvögel, begleiten uns auf unserem Weg, auf dem wir vielleicht sogar das Glück haben, den majestätischen Flug des *Guirre* (Schmutzgeier) zu beobachten.

Playa de Jarugo

PUERTO VENTURA - VILLAVERDE - COTILLO

LÄNGE	DAUER	SCHWIERIGK
32 km	4 Stunden	leicht

Anfahrt: Straße von Puerto del Rosario nach Corralejo. Piste von Puerto Ventura ins Landesinnere (Parque Holandés).

Beschreibung: Der größte Reiz dieses Ausflugs liegt darin, dass man einen guten Überblick über die geologischen Formationen der Insel erhält, und zwar aus dem frühen Miozän bis zu den jüngsten Vulkanausbrüchen. Die Piste führt durch das Lavafeld *Malpaís de Roja*, das vom Fuße des gleichnamigen Berges ausgeht, den man rechts in Küstennähe sehen kann. Im Landesinnern ist der nächste Berg der *Caiman*, der gemeinsam mit dem *Roja* und dem *Escanfraga* eine Vulkankette bildet, die entlang eines NO-SW-Bruches verläuft. Es handelt sich hierbei um große Kegel, deren Spitzen verschmolzen sind, und die seinerzeit nur wenig Lava produzierten. Flechten beherrschen die Vegetation der Gegend (*Aican, Orchilla, Xanthoria sp.*), die mit ihren Grün-, Orange-, und Ockertönen die Landschaft bereichern.

Nachdem wir den *Caiman* teilweise umfahren haben, nähern wir uns einer weiteren Kette mit den Vulkanen *Calderas Blancas, Pajarita* und *Montaña Negra*, die ebenfalls an einem Bruch, parallel zu dem eben genannten, verläuft. Zwischen diesen Kegeln und dem *Escanfraga* (mit 529 m an der höchsten Stelle) erstreckt sich die Ebene von *Peña Erguida*, in der das Lavagestein von Schwemmland überdeckt ist, und auf der traditionell Landwirtschaft betrieben wird. Wir erreichen verlassene Sandfelder mit Henequen-Agaven, diesem seltsamen stacheligen Gewächs. Ein 30-45 Minuten langer Spaziergang durch diese Felder bis zu den Vulkanhängen ist sehr zu empfehlen. Von dort aus haben wir einen besseren Blick auf Häuser und Bewässerungsanlagen und können vielleicht sogar den Würger beobachten, einen kleinen Vogel, der den Raubvögeln im Verhalten, nicht jedoch im Aussehen, sehr ähnlich ist und die Henequen-Agave dazu benutzt, seine Beute aufzuspießen und zu verschlingen.

Nun haben wir zwei Alternativen: wir können die Ebene durchqueren, bis wir Villaverde erreichen oder aber den Hauptweg verlassen, und zwar in Richtung *Montaña Pajarita*. In diesem Fall führt uns der Weg bis zum Fuße des *Pajarita* und des *Montaña Negra*, von wo aus wir einen herrlichen Blick auf den *Peña Erguida,* den *Escanfraga* und den *Caiman* in südlicher Richtung und Lobos, Lanzarote und die Sandbänke von Corralejo im Norden haben. Wieder auf dem Hauptweg fahren wir nach Villaverde, dann auf einer asphaltierten Straße nach La Oliva und später Richtung Lajares.

Der Montaña Pajarita

Hier geht es nach links ab, der alten Landstraße nach, auf der Höhe des *Montaña de la Arena*, eines der jüngsten Vulkane von Fuerteventura, der zusammen mit den Vulkanen *Los Saltos* und *Mal Nombre* die dritte Vulkankette (NO-SW-Richtung) aus dem Quartär bildet.

Nun geraten wir in eine Ebene voller sanfter Hügel und kleiner Erhebungen, die von Dornengebüsch - *Rama, Matomoro, Aulagas, Espino*, stellenweise auch *Gramíneas* und *Cosco* - bewachsen ist. Aus diesem Flachland ragen die eleganten Silhouetten der Palmen am Rande der alten Felder, neben Bauernhäusern und Schäferhütten, heraus. Der Weg enfernt uns von den jüngeren Vulkanformationen und führt uns zu geologisch weitaus älteren Stellen.

Im Hintergrund können wir eine Gruppe kleinerer Vulkankegel aus dem Präquartär ausmachen (*Montaña*

Die Dünen von El Jablito

Prieta, El Fraile, Los Corraletes). Dazwischen befinden sich zwei höhere Berge aus Basaltgestein (*Montaña Blanca und Montaña Milocho*); es handelt sich also um eine der Stellen der Insel, an denen dieses erdgeschichtlich alte Gestein zutage tritt. Links hinter der Flanke des Berges können wir die Spitze des *Tindaya* erkennen, Fuerteventuras magischer Berg, der auch archäologisch (Ruinen, Wandmalereien) und geologisch (herausragendes Beispiel für Ergussgestein) von großer Bedeutung ist.

Nachdem wir die Palmen hinter uns gelassen haben, teilt sich die Piste. Wir folgen dem linken Weg, der uns nach einer Kurve zum *Montaña Blanca* führt. Nach einem kleinen Hügel können wir in der Ferne das Dorf Lajares und die Dünen von El Jablito ausmachen, die sich farblich vom Rest der Landschaft abheben. Einige *Tabaibas* an den Hängen unterbrechen die sonst recht eintönige Vegetation.

Auf der Höhe eines Bergwerkes zur Gewinnung von fossilem Sand, inmitten einer einzigartig schönen Landschaft verlassen wir die Hauptpiste, die eine Linkskurve beschreibt, um einem Weg zu folgen, der unsere Hauptrichtung beibehält. Diese Piste verläuft zwischen dem *Montaña Blanca* und einer hohen weißen Düne. Der Boden wird nun immer sandiger; die Vegetation passt sich an die veränderten Bodenbedingungen an. An dieser Stelle wollen wir nochmals darauf hinweisen, daß es verboten ist, die Piste zu verlassen.

Wir empfehlen Ihnen einen Spaziergang in die Dünen (30-45 Min.). Wir laufen auf fossilem Sand, in den der Regen kleine Gräben und Rinnen gewaschen hat. Der Wind bläst den Sand fort und hinterläßt eine Oberfläche voller Steinchen. Betrachten wir diese Steinchen und die Auswaschungen einmal genauer, so sehen wir, daß es sich um versteinerte Nester eines mit der Wespe verwandten Insekts handelt. Die Vegetation ist die typische einer Dünenlandschaft. Von der Düne aus kann man das gesamte Gebiet von El Jablito überblicken.

Der Weg führt weiter an den Dünen vorbei, überquert kleine Flußläufe, lässt Los Corraletes und El Fraile, von wo aus wir die Orte El Roque und El Cotillo sehen, hinter sich. In der Nähe dieser beiden Kegel wird die Landschaft etwas schroffer, und der steinige Boden ist dicht von *Aulagas* und *Rama* bewachsen. Der Weg führt uns nach El Roque und dann weiter auf der Landstraße bis El Cotillo.

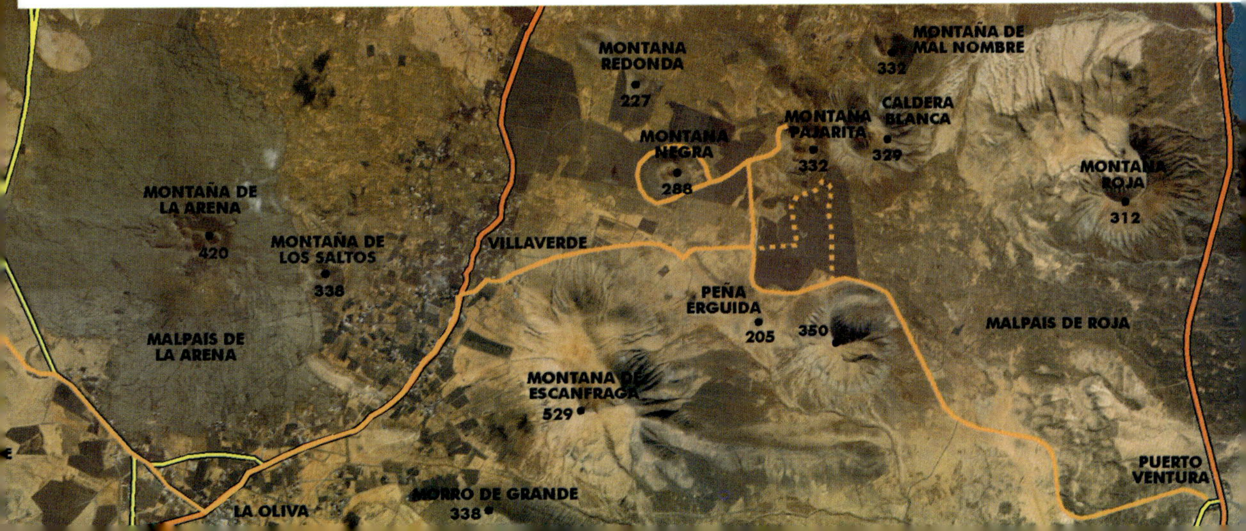

SALINAS DEL CARMEN - POZO NEGRO - CASAS DE JACOMAR

LÄNGE	DAUER	SCHWIERIGK
25 km	4-6 Stunden	mittel bis leicht

Anfahrt: Piste, die von Casas de las Salinas Richtung Süden führt, an der Oberkante der Steilküste entlang.

Beschreibung: Das System zur Verteilung des Meerwassers auf die Salinen zur Salzgewinnung und die dazugehörigen Einrichtungen sind ein wichtiges kulturelles und ethnologisches Erbe. Vor allem Vögel leben in den Salinen, darunter sind die Wasservögel und Schlammfresser, von denen die meisten Arten Zugvögel sind, am zahlreichsten. Der Seeregenpfeifer ist der einzige dieser Gruppe, der auf den Kanarischen Inseln auch nistet. Die teilweise seltsamen Formen der Schnäbel und Füße des Säbelschnäblers, Brachvogels und des Strandläufers, etc. zeugen von der optimalen Anpassung dieser Tiere an die herrschenden Lebensbedingungen.

Von den Salinen aus geht es weiter über eine steinige Ebene hoch über der Küste. Wir überqueren einen schmalen Streifen mit geologischem Material aus dem zweiten Vulkanzyklus (Basaltserie II), der im *Barranco de la Antigua* verläuft. Dieser Barranco mündet in den *Barranco de la Torre*, der seinerseits in einen Kieselstrand mit einem Kalkofen mündet. Hinter dem Strand findet man auf dem häufig überfluteten Boden Geröll, auf dem Büsche, Tamarisken und Palmen am Rande der alten Entwässerungsgräben wachsen. Der Weg steigt den Südhang hinauf zwischen Gestein, das von den ersten Ausbrüchen stammt (Basalt, Serie I) und das im Laufe der Zeit durch die Erosion die charakteristischen Formen des Vulkangesteins angenommen hat.

Zwei Kilometer nach dem *Barranco de la Torre* gelangen wir an die Bucht *Caleta de la Ballena*. Zwischen dieser Bucht und der *Caleta Blanca* breitet sich das durch die *Barrancos Majada Honda* und *Monte Agudo* angeschwemmte Land aus. Die Piste ist in so schlechtem Zustand, daß beide Buchten nur schwer zu erreichen sind. Nach der *Caleta Blanca* fährt man nichts links ab, sondern bleibt auf der Hauptpiste, die sich von der Küste entfernt, um die Steinebene *Pedregal de Majada de Cabrones* zu durchqueren. Die Vegetation bilden Ginsterbüsche, vorwiegend in den Sohlen zwischen den Hügeln, die größeren Felsbrocken sind vollständig mit Moos bedeckt. Der Weg zieht sich am rechten Hang des *Barranco de Majada de la Cabras* entlang und gibt einen herrlichen Ausblick auf den Berg *Monte Agudo* (494 m) frei. Hinter der höchsten Stelle teilt sich der Weg; wir folgen der linken Piste, die den Barranco überquert, um dann wieder über *Cabeza de Leandro* die Küste zu erreichen.

Der *Barranco de Leandro* ist nur schwer zu erreichen, da die Piste zahlreiche tiefe Schlaglöcher aufweist. Das Bachbett führt uns zu einem Kieselstrand mit schwarzem Sand und einer 2-3 m breiten Plattform (Rasa), die sich wie ein Balkon am Fuße der Steilküste erstreckt und somit eine Art natürliche Uferpromenade bildet.

Während der Fahrt auf den nächsten Hügel sehen wir den Bauernhof *Pozo Negro* und einen Strand. Hier können wir leicht Turmfalken und andere Raubvögel beobachten. Wir folgen der Hauptpiste bis Pozo Negro, wo die typische U-Form alter Täler durch den Einbruch

Pozo Negro

eines Lavaflusses aus dem *Malpaís Grande* (jüngster Vulkanismus, Serie IV) stark verändert wurde. Die Lava schob sich bis zur Küste vor, wo heutzutage ein großer Strand aus Kieseln und schwarzem Sand zu finden ist.

Von Pozo Negro aus verläuft der Weg zwischen dem Südhang des Tals und dem Lavafeld an fächerartig abgerutschtem Gestein vorbei. Etwa 3,5 km von Pozo Negro entfernt, in der Nähe des Hügels *Loma de la Atalayita*, stoßen wir auf die Überreste von Siedlungen der Ureinwohner des *Malpaís*. Die erst spät auf den Kanarischen Inseln heimisch gewordene Pflanze *Mimo*, ein Lippenblütler, beherrscht hier die Landschaft.

Hinter *Casas de El Saladillo* nähert sich die Piste der Landstraße *Grandes Valles*, von wo aus man die vier Vulkane des *Malpaís Grande* erblicken kann. Die Piste umrundet den Hügel *Morro de El Saladillo*, entfernt sich von der Hauptstraße und kehrt wieder zur Küste durch den *Barranco del Valle de la Cueva* zurück. Der Weg verläuft auf der Sohle des U-förmigen Tales zwischen *Atalaya de Pozo Negro* und *Cuchillo de Juanicón*.

In der Mitte des Tales ist der Flußlauf von einem Lavafeld bedeckt, der von den Auswürfen der *Caldera de Jacomar* stammt, die am Südhang fast das Meer erreichen. Dieser erst junge Vulkan (Serie IV) goß seine Lava kaskadenartig ins Meer, wo diese eine etwa 2 km2 große Plattform unterhalb des Steilhanges bildete. Dieses Lavafeld ist sehr uneben, die Gase haben Blasen in der Lava hinterlassen, die, nachdem diese erkaltet war, kleine Höhlen hinterließen, die von den Ureinwohnern als Wohnungen oder Ställe genutzt wurden. Heutzutage werden diese Auswürfe von den Raubvögeln als Ruheplätze benutzt.

An der Küste stoßen wir auf einen Kieselstrand mit kleinen Dünen aus schwarzem Sand, die von *Balancones, Uva de Mar, Matagota* und *Barrillera* bewachsen sind. Hier ist ein 2-3stündiger Spaziergang sehr zu empfehlen. Ein Pfad windet sich am Lavafeld, direkt neben einem fossilen Strand entlang, bis zum Dörfchen *Caserío de Jacomar*, vorbei an natürlichen Wasserbecken und kleinen Stränden mit goldgelbem Sand, die oft von Wasservögeln besucht werden. Wir bewegen uns auf der Plattform, die von den Lavaauswürfen des *Caldera de Jacomar* gebildet wurde und können an der Steilküste die alte Uferlinie erkennen. Von *Jacomar* aus gehen wir entweder auf dem alten Pfad zurück, oder wir entscheiden uns für den Weg am Fuße der Steilküste, um zu unserem Ausgangspunkt zurückzukehren. Von dort aus geht es durch den *Barranco del Valle de La Cueva* zur Hauptstraße.

MAZIZO DE BETANCURIA
Casa de Mezquez-Ajuí-Aguas Verdes

LÄNGE	DAUER	SCHWIERIGK
34,5 Km	5-7 Stunden	hoch

Anfahrt: Bei Casas de Mezquez, asphaltierte Abzweigung von der Landstraße nach Ajuí, die zum Staudamm Presa de La Peña führt.

Beschreibung: Diese Route führt am Massiv von Betancuria und an den ältesten Vulkanen von Fuerteventura vorbei. Auf der Landstraße von Pájara nach Ajuí, nach 4,8 Km und auf der Höhe von Casas de Mezquez biegt man nach rechts ab, Richtung Stausee Presa de La Peña. Man fährt über einen steinigen Bergrücken, der mit *Ramas* (Rhamnus crenulata), *Aulagas* (Launaea arborescens) und mit einigen wenigen *Tabaibas* (Euphorbia balsamifera) bewachsen ist. Der Weg folgt der Schlucht Barranco de la Peñita, bis er auf den Weg von Mal Paso stößt, der über den äußeren Gesteinsgang einer runden, vulkanischen Struktur verläuft. Angelegte Terassen, Tamarisken, Zuckerohr und einige kanarische Palmen kündigen an, daß man bald an der Degollada (Engpaß) de Mal Paso ankommt, die an beiden Seiten von einem zerstückelten Gesteinsgang, dem Pico de las Aguilillas und dem Risco (Abhang) de Las Peñas flankiert wird. Ein Feldweg zweigt nach rechts ab und führt zur Basis des Risco, wo man das Auto stehen läßt und den Fußmarsch zum Stausee beginnt. (1-2 Stunden).

Man durchquert einen kleinen Palmenhain, der sich zwischen den Engpaß und die Talsohle gezwängt hat, um den Weg auf dem gegenüberliegenden Hang zu nehmen, der zur Kapelle *Nuestra Señora de La Peña* und zum Stausee führt. Der Weg und die Kapelle wurden aus dem Gestein der Gegend gemacht und verschmelzen förmlich mit dem Abhang. Die Schlucht selbst ist sehr eng und 'sauber'; nur ein paar losgelöste Blöcke von den Abhängen liegen auf ihrem Grund. In den Vertiefungen bilden sich Tümpel, wo Moose, Kresse, wilder Sellerie und Zuckerrohr wachsen, und wo man ebenfalls viele Insekten und Vögel findet. Die glatten Wände werden durch ein komplexes System von Gesteinsgängen unterschiedlicher Dicke unterbrochen, die den Felsen ihr typisches Streifenmuster verleihen.

Der Stausee ist einer der Plätze der Insel, wo man wandernde Wasservögel am besten beobachten kann. Die Kolonie verändert sich mit den Jahreszeiten und beherbergt Arten, die länger verweilen (Enten, Blässhühner) und andere, die nur gelegentlich hier Rast machen. Am anderen Ende der Staumauer sieht man einen kleinen Palmenhain, der ein Bauernhaus umgibt, am Fuß des Pico de La Muda, und dahinter sieht man Vega de Río Palmas. Der Ausblick auf die runde vulkanische Formation in ihrem gesamten Ausmaß ist überwältigend.

Man kehrt zur asphaltierten Straße zurück und biegt nach rechts ab. Man kommt zu einer Piste, die durch den Grund der Schlucht, vorbei an immer dichter werdenden Tamarisken und Palmen, nach Ajuí und zur Küste führt. Man befindet sich nun in einem Gelände, das von der Lava aus dem Vulkan Morro Valdés (Serie II/Zweiter Vulkanischer Zyklus) bedeckt wurde. Die Lava wurde durch den Barranco kanalisiert und floß bis zum Meer. Zwischen diesem Barranco und dem von Ajuí (früher Malpaso) findet man eine große Anzahl von Gesteinsgängen in grünlichen Felsen, denen man ein Alter von 100 Mill. Jahren und unterseeischen Ursprung zuschreibt. Vom Strand mit schwarzem Sand und am Fuße der Klippen entlang kann man, wenn man Richtung Norden geht, die Höhlen von Ajuí erreichen. Diese wurden durch das Meer in der Nähe eines großen Kalkofens ausgewaschen.

In einer Entfernung von 200-300 m von Ajuí nimmt man eine Abzweigung, die aus der Talsohle herausführt und auf den Nordhang führt. Bei der nächsten Kreuzung fährt man nach links und steigt weiter den Hang hinauf. Auf der Anhöhe findet man eine weitere Abzweigung nach links, die zum vorher erwähnten Kalkofen führt und von wo man einen guten Ausblick auf diesen Teil der Küste hat.

Wenn man an dieser Kreuzung in Richtung Norden weiterfährt, immer über den Klippen, kommt man in den Barranco de la Peña und, an zahlreichen Tamarisken vorbei kommt man an die Küste, wo man einen Strand mit Felsbrocken und den beeindruckenden *Arco de Jurado* (s. Foto) sieht. Die Anzahl der Gesteinsgänge ist weiterhin sehr groß, was nicht verwundert, denn das ganze Massiv hat die größte Dichte an Gesteinsgängen auf der ganzen Welt.

Man kehrt über die gleiche Piste zurück und nach ungefähr 500 m nimmt man eine Abzweigung nach links und fährt weiter, vorbei an vielen Tamarisken, einem Kalkofen und anderen Gebäuden. Man entfernt sich von der Küste auf einem Bergrücken, der zwischen den Barrancos La Peña und Sojares verläuft, bis man an den Tablero de la Peña Vieja kommt, an der Stirnseite des Barranco de Sojares. Man befindet sich nun auf einer kleinen 'Insel' aus Vulkangestein vom Morro Valdés (Serie II), die von anderen Gesteinen unterschiedlichen geologischen Ursprungs umgeben ist. Bis zum Ende der Route kann man auf diesem Höhenzug zwei voneinander getrennte Landstreifen erkennen: ein 1 Km

Arco (Bogen) del Jurao

langer Landstreifen, der parallel zur Küste verläuft, ist eine unterseeische Plattform, die sich 20 m aus dem Meer aufgefaltet hat und mit verhärtetem Sand bedeckt ist. Den Hang hinauf, bis auf halbe Höhe des Massivs, das vom Pico de la Atalaya gekrönt wird, zieht sich ein Streifen Lava, der unterseeischen Ursprungs ist und die typischen 'Kissenformen' aufweist.

Vom Tablero de la Peña Vieja folgen wir der Abzweigung nach links, die zum Barranco de Tarajalito führt. Auf diesem Streckenabschnitt sollte man extrem vorsichtig sein. Der Zugang zu den nächsten Barrancos, bis zum Barranco de La Galera, ist, aufgrund des schlechten Zustandes der Piste, sehr kompliziert. Wenn man den zuletzt genannten Barranco verlassen hat, kommt man zum Barranco de Janey, in dessen Öffnung zum Meer hin man einen fossilen Strand, große Gesteinsgänge, die parallel zur Küste verlaufen und natürliche Quellen, die von Vieh und Vögeln aufgesucht werden, beobachten kann.

Der Weg wird allmählich besser und führt an kleineren Barrancos vorbei, bis man zum Barranco del Cangrejo kommt. Nachdem man an diesem vorbei ist, sieht man schon die Siedlung Aguas Verdes und das Ende der Route. Mehrere Abzweige führen zu den Klippen und die Piste selbst führt direkt zur Feriensiedlung. Diese liegt in der Nähe des Barranco de la Galera, in dem es einige Gärten gibt, und dessen Sohle zum Teil mit Ceropegia hians bewachsen ist. Auf dem Nordhang des Barranco sieht man den Tablero del Golfete, eine kleine 'Insel' aus vulkanischem Gestein aus der Montaña de Tirafe (Serie III, Zweiter Zyklus), die sich der Erosion widersetzt hat und die von anderen Bodenformationen umgeben ist.

DIE 'MALPAISES'
(Valles de Ortega-Landstr. Grandes Valles)

LÄNGE	DAUER	SCHWIERIGK
(24+12) Km	4-5 Stunden	leicht

Anfahrt: Landstraße von Valles de Ortega nach Casillas de Morales, wo eine Piste zur Caldera de Gairía (Aguabueyes) beginnt.

Beschreibung: Diese Route bietet zwei Alternativen; eine, die am Malpaís Chico vorbeiführt und eine zweite, die zum Malpaís Grande führt. Zu Beginn der Route, zwischen Valles de Ortega und Casillas de Morales, erinnern alte Bauernhäuser und Felder mit tonhaltigen Böden an Zeiten, in denen die Landwirtschaft in diesem Gebiet noch sehr bedeutend war. Wenn man in der Ortschaft Casillas de Morales ankommt, hört die asphaltierte Straße auf, und man muß einer Piste nach Süden folgen, die zum Vulkan Aguabueyes (416 m) führt, der auch Caldera de Gairía genannt wird, einem Aschekegel, der sich nach Südosten hin öffnet und aus dem die Lavamassen, die das Malpaís Chico formten (10 Km^2). Auf der linken Seite ragen aus dem Lavafeld wie Felseninseln die Zeugen der Alten Serie (Montaña de Parrado, La Torrecilla). Im Hintergrund sieht man die Krater, die mit ihren Ausstößen das Malpaís Grande formten, und dahinter sieht man die 'Cuchillos' (Felsensäulen) aus der Alten Serie, die senkrecht zu Küste verlaufen und U-förmige Täler voneinander trennen (Pozo Negro, Gran Tarajal). Die Piste führt durch kalk- und tonhaltige Felder, und nach ca. 2 Km, nachdem man an einer Abzweigung nach rechts vorbeigekommen ist, fängt das Malpaís Chico an, ein Garten in der Lava, wo man einen der schönsten Tabaiba-Haine der Insel bewundern kann. Auf der Höhe von der Montaña Parrado läßt man eine Abzweigung links liegen und bleibt auf dem Weg, der um die Caldera de Gairía herumfürt, wo viele 'süße' *Tabaibas* (Senecio bollei) wachsen. Man verläßt das Malpaís und steigt über kalkhaltige Böden auf einen Hügelrücken, von wo man in weiter Entfernung die Dörfer Tiscamanita und Tuineje sehen kann. Man durchquert ein kleines Tal mit terassenförmig angelegten Feldern und steigt auf einen weiteren Hügelrücken, wo man, nachdem man an einen Kalkofen (links) vorbeigekommen ist, auf eine Piste stößt, die von Tiscamanita kommt (7,5 Km vom Beginn unserer Piste). An diesem Punkt muß man sich für die eine oder andere Alternative entscheiden:

ALTERNATIVE 1. Man nimmt die Piste, die von Tiscamanita kommt in Richtung Caldera de La Laguna, einem Vulkankegel, der durch den Abbau von Vulkanasche (Picón) zum Teil abgetragen ist. Man bewegt sich weiter über eine kalk- und tonhaltige Landzunge, die die beiden Malpaíses voneinander trennt.

2,5 Km nach der Einmündung kommt eine Abzweigung nach rechts, die zu der Vulkanaschen-Grube führt, von wo man einen herrlichen Blick auf das Malpaís Chico und auf einen Teil des Malpaís Grande hat. Man kehrt zum Hauptweg zurück, der weiter zum Vulkan Los Halcones führt, einem geologischen Zeugen der Alten Serie. Man kommt an einem Brunnen vorbei, der von Pappeln umgeben ist, und nach kurzer Zeit kommt man an das Ende dieser alten Landzunge. Dieser Ort, wo die Lavamassen des Malpaís Chico und des Malpaís Grande zusammenflossen, heißt La Laguna de Las Mujeres (die Lagune der Frauen). Die Piste kreuzt eine kleine Lavazunge des Malpaís Chico, die von Tabaibas bestanden ist, und an der nächsten Kreuzung biegt man nach links ab.

Man bewegt sich auf tonhaltigem und von der Erosion abgetragenem Gestein der Berghänge, zwischen dem Malpaís Chico und den erodierten Resten der Alten Serie. Auf der Höhe von La Atalayita findet man rechts eine Kreuzung, die auf die Verbindungsstraße zu den Landstraßen nach Pto. del Rosario, Antigua und Pozo Negro führt. Der Weg nach links führt am Malpaís und der Montaña de La Goma entlang zu einer asphaltierten Landstraße. Nach 3 Km kommt man wieder nach Valles de Ortega, dem Ausgangspunkt unserer Route.

ALTERNATIVE 2. Wie schon vorher erwähnt beginnen beide Alternativen am selben Punkt, den man auf dem Weg von Casilla de Morales (7,5 Km) oder direkt

Blick vom Morro de La Atalayita.

von Tiscamanita aus (1,5 Km) erreichen kann. Man verlässt den Hauptweg nach rechts und bewegt sich auf einem Weg, der parallel zu einer trockenen Steinwand verläuft. Man durchquert eine steinige Ebene, die von dornigem Gestrüpp (Aulagas) bewachsen ist, auf die Caldera de Liria zu. An zwei Kreuzungen geht es weiter geradeaus, und bei km 3,5 (gerechnet vom Ausgangspunkt) kommt man auf einem Hügelrücken an, wo es eine weitere Abzweigung gibt. Von diesem Punkt aus sieht man zwei Täler, die auf zwei unterschiedlichen Ebenen verlaufen und die durch sehr kompaktes, helles Gestein (Morros) getrennt sind, und gleich dahinter sieht man die Caldera de Liria.

Der Weg auf der linken Seite führt über die Stufe des höheren Tales, auf dessen Sohle man einige Bauernhäuser, Gavias, Palmen und einige Obstbäume sehen kann. Vom höher gelegenen Teil der Morros hat man einen herlichen Rundblick auf dieses Zentrum vulkanischer Aktivität, das sich aus der Tiefebene zwischen dem Massiv von Betancuria und den Felssäulen der Alten Serie erhebt und das durch die Bildung von Senken, die sich mit Ton und Lehm füllten, eine Wasserscheide bildet. Die Caldera de Liria ist der älteste Vulkan in der Aneinanderreihung von Vulkanen, die sie mit der Caldera de La Laguna im Norden und mit der Calderita und der Caldera de los Arrabales im Süden bildet. Diese vier Vulkankrater öffneten sich nach Osten hin und schufen so ein ausgedehntes Lavafeld, das den Fuß der Alten Serie bedeckt. Im Süden hat man freie Sicht auf Llano Prieto, Gran Tarajal und das Meer, im Norden auf das Malpaís Chico und Gairía und im Osten, hinter dem Malpaís Grande, die Felssäulen der Alten Serie.

Man kehrt zurück zur letzten Abzweigung bei Km 2 und steigt hinab, an den Morros vorbei, auf die Ebene Llanos de Prieto, vorbei an Ziegenweiden, die sich hauptsächlich aus Aulagas (Launaea arborescens) und Ramas (Rhamnus crenulata) zusammensetzen und einer Vulkanaschengrube bei der Caldera de Liria. In der Ebene nimmt man eine Abzweigung nach links, die ins Malpaís führt, in Richtung auf die Calderita und die Caldera de Los Arrabales. Die Vegetation des Malpaís Grande ist anders als die des Malpaís Chico, denn es herrscht dorniges Gestrüpp vor und statt der Tabaibas gibt es hier mehr Espinos, Aulagas und Ramas. Nachdem man an der Nordseite der Calderita vorbei ist, durchquert man einige kleinere 'Inseln' alten Bodens bis man zur Landstraße der Großen Täler (Grandes Valles), zwischen der Caldera de Los Arrabales und dem Cuchillo de los Olivos kommt.

DIE LANDENGE ISTMO DE LA PARED (La Pared-Barranco de Pecenescal)

LÄNGE	DAUER	SCHWIERIGK.
19 Km	4-5 Stunden	mittel (4x4)

Anfahrt: Abzweigung von der Landstraße, die zum Istmo führt, auf der Höhe der Siedlung 'La Pared'.

Beschreibung: Der Istmo de La Pared vereint die Halbinsel Jandía mit dem Rest Fuerteventuras. Hier findet man den größten Jable der ganzen Insel und ein Juwel der Fauna: Die Kragentrappe. Die Berge, die man im Norden sieht, bilden das Südende des Massivs von Betancuria, wo der Basiskomplex zutage tritt, und im Süden, bis zum Barranco de Pecenescal, treibt der Sand über die Basaltformationen der Alten Serie, und dahinter erheben sich die Gesteinsformationen des Massivs von Jandía. Man kann ein altes Dünenfeld (Jable) erkennen, dessen Sand sich mit Kalk vermischt und verhärtet hat, und ein neues, das sich aus langen Wanderdünen, die vom Passatwind von der Windseite der Insel (Barlovento) bis zur Windschattenseite (Sotavento) getrieben werden. Dieser Sand, der ständig in Bewegung ist und neue Formen bildet, verleiht dieser Landschaft ihren besonderen Charakter.

Der Unterschied zwischen der Playa de La Pared, die mit schwarzem Sand bedeckt ist und in der Mündung eines Barranco liegt, und der Playa del Viejo Rey, die mit weißem Sand bedeckt ist und am Fuß einer Klippe liegt, zeigen die geomorphologische Entwicklung verschiedener Bereiche. Das Profil der Küste in Richtung Süden zeigt einen Einschnitt von ca. 20 m Tiefe, der sich seinerseits aus kleinen, zerklüfteten Einschnitten und Erhöhungen zusammensetzt. Wenn man in die Dünenfelder eindringt, muß man unbedingt die kleineren Pisten, die an den Klippen vorbeiführen, vermeiden und nur die große, die etwas weiter weg von der Küste verläuft, benutzen. Die kleineren Pisten haben zwei Nachteile: Die Landschaft wird immer weiter zerstört und man läuft große Gefahr, im Sand stecken zu bleiben.

Am Anfang der Route verläuft die Piste zwischen sanften, steinigen Hügeln, die mit Sand bedeckt sind, und kleinen Dünen, die durch die Vegetation am Wandern gehindert werden. Je weiter man vordringt, desto sandiger wird der Boden und das dornige Gestrüpp (Rama, Espino, Aulaga, s.o.) macht den Arten, die typisch für sandige Böden sind (Zygophyllum fontanesii, Globularia salicina, Lotus lancerottensis, Cheroloides fomentosa) Platz. Man entfernt sich von der Playa del Viejo Rey, auf deren Klippen ein Kalkofen steht, und vorbei an einigen Apartments nimmt man den Weg, der ca. 300 m von der Küste entfernt verläuft.

Auf der nächsten Anhöhe hat man einen guten Ausblick auf die Küste und das Dünenfeld. Im Hintergrund, im Bergmassiv von Jandía, ragt ein perekter Kegel heraus, die Montaña Aguda, und links davon der Pico de la Zarza, die höchste Erhebung Fuerteventuras. In der sandigen Ebene sieht man einen Bergrücken (Lomo de La Ruda), der von Pisten überzogen ist und vom Einschnit Degollada de Los Mojones vom Massiv abgetrennt wird. Dieser 'Morro' ist eine der wenigen 'Inseln' aus altem Gestein, die aus dem Sand herausragen, während die anderen Erhebungen (Alto de Agua, Granillo) fossile Dünen sind, die mit einer Kalkschicht bedeckt sind.

Bei Km 5 der Route nimmt man eine Abzweigung nach rechts, die durch die Cañada de Aguas Liques hinabführt. An der Küste angekommen kann man beobachten, daß die Klippen sich aus unzähligen Schichten aus vulkanischem Gestein und versteinerten Sandschichten zusammensetzen, aus denen die erodierende Kraft des Meeres und des Windes Skulpturen von einzigartiger Schönheit geformt hat. Auf dem Grund des Einschnitts gibt es natürliche Quellen, die von Vögeln und Ziegen aufgesucht werden. Das Vorhandensein von Süßwasser und der Reichtum an Meeresfrüchten, besonders Miesmuscheln, hat bewirkt, daß dieses Gebiet seit frühgeschichtlichen Epochen von den Bewohnern aufgesucht wurde und wird. Eine aufgefaltete unterseeische Plattform unterbricht die Klippen und bildet eine natürliche Promenade, die das Genießen dieser Landschaft erheblich erleichtert.

Man kehrt zum Hauptweg zurück und nachdem man den Höhnezug Alto de Agua Oveja überquert hat, nimmt man eine Abzweigung nach rechts, die zum Veril Manso führt, einer der südlichsten Punkte der Insel, der Aguas Liques ähnelt und wo man riesige Dünen bewundern kann, die vom Meer bis hinauf zu den Klippen reichen. Man kehrt zum Hauptweg zurück, der über den Abhang der Loma de La Ruda führt (bei Km 9,5). Man verlässt die 'Insel' aus altem Gestein und kommt zur Degollada

(Einschnürung) de Mojones, einem fast nackten, sandlosen Gebiet, das bis zum Vorgebirge des Jandía-Massivs reicht.

Am Fuß der Loma del Cuchillete hat man einen schönen Rundblick auf das Jandía-Massiv und die Landenge. Ein Weg erlaubt es, noch ein bißchen weiter nach unten zu kommen, bis man zu kleinen Einschnitten, die sich in versteinerten Sand eingegraben haben, kommt. Danach kann man durch die Dünen zum Strand gelangen.

Wir verlassen die Windseite der Insel, indem wir unseren Weg durch die Degollada de Los Mojones in Richtung Barranco de Pecenescal fortsetzen. Auf dem höhergelegenen Teil der Degollada sieht man vereinzelte Gebüsche aus Aulagas (s.o.) und alleinstehende Tabaibas (s.o.). Die Piste führt über Hänge aus altem Gestein und eine Talsohle, die mit Sand aufgefüllt ist und später befindet man sich dann zwischen den Hängen des Jandía-Massivs und einer 4-5 m hohen Formation aus versteinertem Sand.

In der Nähe der Loma Negra (322 m) ragt eine kleine 'Insel' aus altem Sedimentgestein aus der Sandschicht und dort findet man eine Abzweigung nach rechts, die am Fuß des Massivs weiterführt. Man fährt weiter geradeaus, immer der Talsohle nach, vorbei an Formationen aus verhärtetem Sand.

Die Route endet bei der Kreuzung der Landstraße nach Morro Jable, bei Km 34-35, mit dem Barranco de Pecenescal, am Fuß des Risco del Psao (253 m), einer anderen 'Insel' aus altem Sedimentgestein. Jenseits der Landstraße führt eine Piste weiter bis zum Strand von Sotavento, mit großen Dünen, Strandseen und den schönsten Salzwiesen (Saladares s.o.) der Insel.

Strand auf der Windseite von Jandía. Gesehen von der Punta de Playa Larga

DER PICO DE LA ZARZA
(Massiv von Jandía)

LÄNGE	DAUER	SCHWIERIGK
15 Km	5-6 Stunden	mittel-hoch

Anfahrt: Weg, der auf der äußersten Ostseite von Morro Jable beginnt, durch das Tal von Vinámar.

Beschreibung: Unter mehreren Gesichtspunkten kann man Jandía als eine von Fuerteventura unabhängige Einheit betrachten. Die Funktion der Halbinsel als Viehweide geht bis auf die Ureinwohner zurück und neuerdings wird die Viehwirtschaft dort wieder eingeführt. Im Moment ist der Tourismus die einzige Einnahmequelle. Das Dünenfeld des Istmo de La Pared weicht zurück und macht einem alten Bergmassiv (11 Mill. Jahre, Serie I) Platz, in dem es keine jüngeren Ausbrüche gegeben hat (Quartär) und das durch die Erosion stark zerklüftet und abgetragen wurde. Jandía beherbergt die schönsten Strände, die höchsten Erhebungen und den größten Pflanzenreichtum der Insel.

Die Einstufung dieser Route als mittel-schwer resultiert aus der Tatsache, daß man sie zu Fuß machen muss, einen Höhenunterschied von 800 m auf 7 Km überwinden muß, und das bei einem Halbwüstenklima, das weiter oben schon beschrieben wurde. Unbedingt notwendig sind gutes Schuhwerk, ausreichender Sonnenschutz für Kopf und Körper und, nicht zu vergessen, Trinkwasser und leichtverdauliche Verpflegung.

Kanarischer Cardón

Die Route beginnt bei den Ferienapartments RIU am Ortseingang von Morro Jable. Es gibt zwei Möglichkeiten, das Massiv anzugehen: Eine, bei der man zu Anfang einen ziemlich beschwerlichen Aufstieg bewältigen muß, führt über den Kamm der Tabla de Vinamar, zwischen dem Barranco de Vinamar und dem Barranco de Butihondo; die andere führt durch die Sohle des Barranco de Vinamar bis zur Basis der Degollada de Hierba Huerto, von wo man über den Osthang auf den Kamm der Tabla de Vinamar steigt.

Vom Bergkamm der Tabla de Vinamar (550 m) gelangt man zum Pico de La Zarza (807 m), von wo man eine grandiose Aussicht genießen kann.

Die Erosion hat auf der Südseite tiefe Einschnitte geschaffen, die durch erodiertes Gestein zum Teil wieder aufgefüllt wurden. Diese Einschnitte gehen sternförmig von einer geschwungenen Trennlinie aus und

Die Landenge Istmo de La Pared, gesehen vom Pico de La Zarza

fragmentieren das ursprüngliche Profil, wobei lange, schmale Felsen entstanden sind, die sogenannten Cuchillos (Messer).

Die heutige Küstenlinie im Norden ist abrupt und zerschneidet ein Relief, das andeutet, dass die Landoberfläche früher viel ausgedehnter war und bis in Gegenden reichte, die aufgrund der konstanten Erosion heute unter dem Meer liegen. Die Hänge sind kürzer und deshalb steiler als die im Süden. Die Vegetation ändert sich mit der Höhe: Am Strand findet man Dünen, die von *Balancones* (Trajanum moquinii) gestützt werden, dahinter der 'Matorral' (dorniges Gestrüpp), und darüber, auf halber Höhe, *Cardones* (Euphorbia canariensis), die auf der Höhe von *Monte verde* (Sammelbegriff für versch. grüne Sträucher, die hauptsächlich auf Berghängen wachsen) abgelöst werden.

Das Vorhandensein von Monte verde hängt direkt mit der Feuchtigkeit der Passatwinde zusammen, die nur auf der Luvseite der höchsten Erhebungen hängen bleiben. Seine Seltenheit ist Ergebnis des Abholzens und der Überweidung durch das Vieh, jedoch befindet sich diese Vegetationsform momentan wieder in einem Erholungsprozeß.

Im botanischen Schatz der Berge von Jandía findet man neben den Pflanzen des Monte verde (Maytenus canariensis, Olea europea ssp. cerasiformis) auch viele nur auf der Insel heimische Pflanzenarten wie Magarza (Margaritenart) und Tajinaste enano (Echium handiense), Arten, die auf allen Kan. Inseln vorkommen wie Sideritis pumila, Reichardiafamarae und Monanthes microbotrys und Arten, die man in ganz Makronesien findet wie Tasaigo (s.o.), Morgallana, Davalia canariensis und Cheilantes maderensis. Ebenso findet man Farne und andere kleine Pflanzen in Felsspalten. Eine der weitverbreiteten heimischen Pflanzenarten ist der sogenannte *Jorao*, eine Pflanze mit duftenden, gelben Blüten, die den Aufstieg ankündigen und begleiten. Auch die vorher erwähnten Flechten sind größtenteil heimisch. Unter ihnen soll nochmals die Orchilla (Orseille) erwähnt werden, die früher zur Herstellung von Textilfarben diente und die nur an der Windseite der Felsen (Feuchtigkeit) wächst.

Die 800 m Höhe des Pico de la Zarza erlauben uns eine Perspektive, wie sie wahrscheinlich die hier heimischen Raubvögel (Schmutzgeier, Bussarde, Falken) haben, die die Thermik der Berghänge ausnutzen für ihre kreisförmigen Flüge über den Bergen. Im Nordosten sieht man die letzten Ausläufer des Jandía-Massivs, das Dünenfeld des Istmo de La Pared, das Betancuria-Massiv und die Cuchillos (s.o.) der großen Täler. Im Osten sieht man den Fraile, die Berge von Licanejos, die Montaña Aguda und die Montaña Azufra in der Sierra de Valluelos und die Ebenen von El Cotillo und den gleichnamigen Leuchtturm. Im Süden sieht man die Täler von Butihondo, Vinamar und El Ciervo, das in den Morro Jable mündet, den Saladar (s.o.) von El Matorral und den großen Strand von Sotavento. An der Nordküste sieht man die Strände von Cofete und Barlovento, die vom Islote de Jandía getrennt werden, einem runden Gesteinsgang, der mit der Küste durch eine kleine, sandige Landenge verbunden ist.

In der Einsamkeit dieser Berge, Täler und Strände gibt es auch heute noch wilde Esel und Ziegen, Symbol für die Identität und die Vielfalt der einzigartigen Halbinsel Jandía.

MASSIV VON JANDÍA

(Morro Jable-Leuchtturm von Jandía/Cofete)

LÄNGE	DAUER	SCHWIERIGK
80 Km	7-8 Stunden	leicht

Anfahrt: Abzweigung von der Landstraße, die zum Hafen von Morro Jable führt.

Beschreibung: Die Route führt durch das Massiv von Jandía, ein altes vulkanisches Massiv, das von der Erosion abgetragen wurde und das an seiner höchsten Stelle, dem Pico de La Zarza, 807 m erreicht. Man verläßt die Landstraße, die zum Hafen von Morro Jable führt, bei einer Abzweigung (Piste) nach rechts, die oben über die Klippen führt. Man fährt durch eine Landschaft von kleinen Hügelrücken mit kalkhaltigen Böden, die mit Ramas, Aulagas und Espinos (s.o.) bewachsen sind und dann in weite Ebenen übergehen. Nachdem man am Cuchillo del Ciervo vorbeigefahren ist, kommt man in ein großes Tal, das von der Degollada de Cofete und dem Pico del Fraile gekrönt (683 m) wird. Am Westhang sieht man den Morro de Mungía, ein archäologisch interessantes Gebiet, nahe bei den so genannten Siete Fuentes (sieben Quellen).

Bei Km 6,5 kommt man zum Bauernhaus Caserío de Jorós, das von Gewächshäusern, Zuckerrohr und einigen Palmen und Tamarisken umgeben ist. Man verläßt das Tal von Jorós, fährt durch das Tal Los Escobones und kommt in das Tal von Los Mosquitos, zwischen dem Cuchillo del Palo im Osten und der Sierra von Licanejos im Westen. Auf der Talsohle und an den Hängen findet man eine große Anzahl von *Cardones de Jandía* (Euphorbia handiensis), eine Spezies, die man sonst nirgendwo auf der Welt findet. Das Beschädigen dieser wunderschönen, kaktusartigen Pflanze mit langen Stacheln, wird mit höchsten Strafen belegt.

Ungefähr 1 Km nach den Cardones und bei Km 12 der Route biegt man nach links ab, Richtung Küste, über einen kalkhaltigen Bergrücken. Man erreicht den Strand von Juan Gómez, der ca. 200 m lang ist, windgeschützt und mit wenig Wellengang. Man kehrt zum Hauptweg zurück und fährt weiter nach Osten, wo man nach ca. 300 m an eine Kreuzung kommt, von wo man zischen zwei Alternativen wählen kann: Leuchtturm von Jandía oder Cofete.

ALTERNATIVE 1: Man biegt nach links ab und verlässt das Tal von Juan Gómez in Richtung Leuchtturm und Bauernhaus, dessen Profil durch eine moderne Windmühle markiert ist. Man fährt am Fuß der Sierra de Valluelos bis zu den Llanos del Cotillo, die weiten Ebenen zwischen Montaña Azufra (im äußersten Süden des Massivs) und der Punta de Jandía. Die steinige Ebene wird von Sand überweht, der sich in der Vegetation verfängt und kleine Dünen bildet. Das Gestrüpp ändert sein Aussehen, die Ramas und Aulagas verschwinden und die Matamoros und Uva de mar herrschen vor. Man kommt zu einer Landstraße, die an dem Bauernhaus mit Mühle vorbeiführt und beim Leuchtturm endet (10 Km nach d.

Blick von der Caleta de la Madera auf die Nordküste. Im Hintergrund der Strand von Cofete.

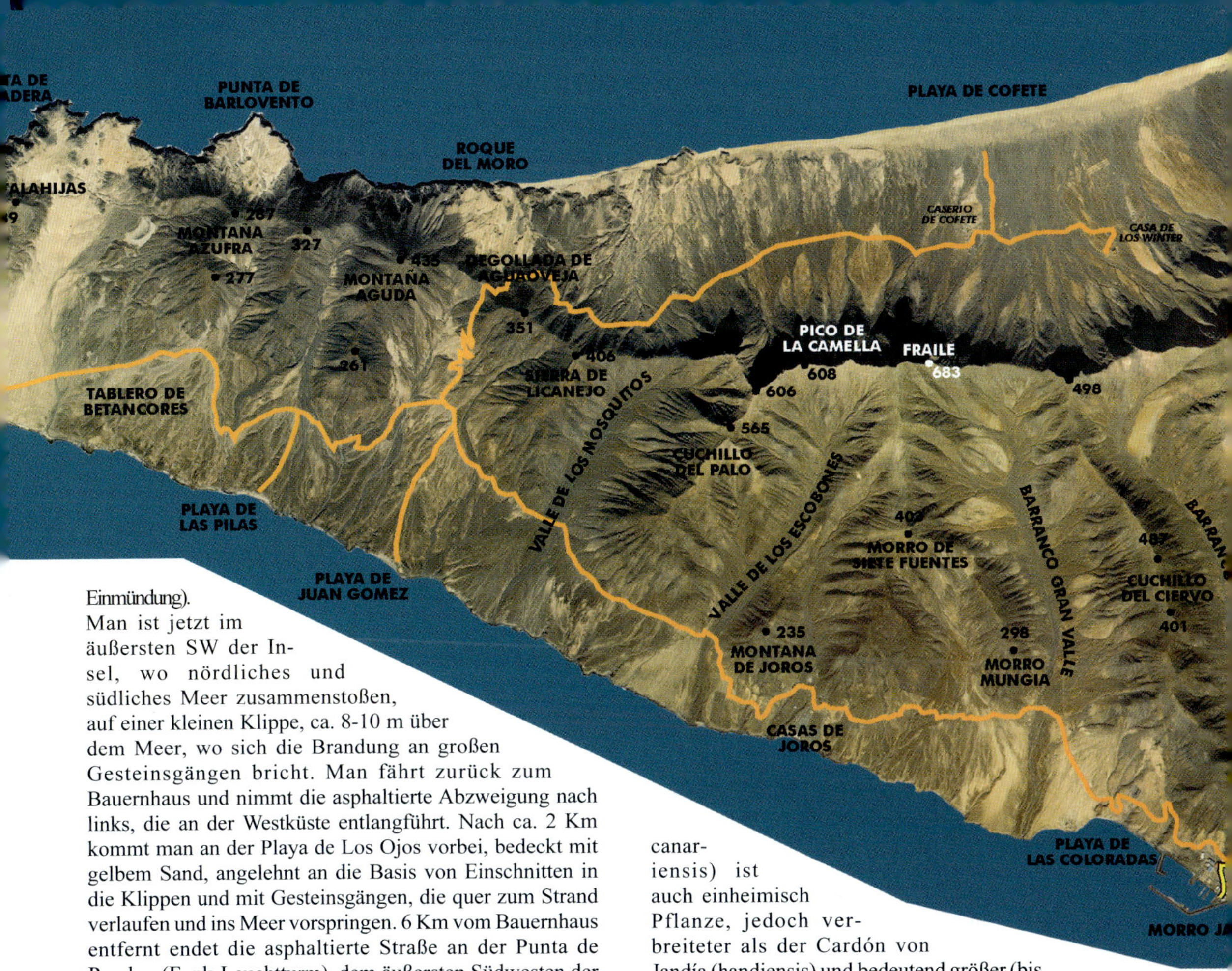

Einmündung). Man ist jetzt im äußersten SW der Insel, wo nördliches und südliches Meer zusammenstoßen, auf einer kleinen Klippe, ca. 8-10 m über dem Meer, wo sich die Brandung an großen Gesteinsgängen bricht. Man fährt zurück zum Bauernhaus und nimmt die asphaltierte Abzweigung nach links, die an der Westküste entlangführt. Nach ca. 2 Km kommt man an der Playa de Los Ojos vorbei, bedeckt mit gelbem Sand, angelehnt an die Basis von Einschnitten in die Klippen und mit Gesteinsgängen, die quer zum Strand verlaufen und ins Meer vorspringen. 6 Km vom Bauernhaus entfernt endet die asphaltierte Straße an der Punta de Pesebre (Funk-Leuchtturm), dem äußersten Südwesten der Insel. Man nimmt eine Piste, die an der Nordseite der Insel entlangführt in Richtung auf das Gebirgsmassiv bis zur Caleta (kl. Bucht) de La Madera, einem Einschnitt, der rund und nach Norden hin offen ist und sich in die Vulkanasche und weiches vulkanisches Gestein eingegraben hat. Die rötlichen und dunklen Farbtöne der Caleta stehen in krassem Gegensatz zum sandigen Gebiet, das man dahinter erkennen kann und das bis auf die Berghänge von Las Talahijas reicht. Von diesem Aussichtspunkt kehrt man auf dem gleichen Weg zurück bis zur Punta de Pesebre, dem Bauernhaus und der Abzweigung der Route.

ALTERNATIVE 2: Man nimmt die Abzweigung nach rechts, die die rechte Seite des Barranco de Agua Oveja hinaufführt. Die Hänge färben sich orangefarben und grün, bedingt durch die Flechten (Xantoria und Aicán), die an den Felsen, Berghängen und am Geröll wie eine bunte Tapete wirken. 2 Km nach der Abzweigung kommt man zur Degollada de Agua Oveja (220 m), die auf der Scheidelinie der Gipfel auf der Halbinsel, zwischen der Montaña Aguda und der Sierra de Valluelos im Westen und der Sierra de Licanejos im Osten liegt. Man steigt den Nordhang des Massivs hinab, von wo man einen schönen Ausblick auf die Strände von Cofete und Barlovento hat, die von einer kleinen Insel getrennt werden. Nach 2 weiteren Km und auf einer Höhe von 100 m kommt man zu den Cardones (s.o.). Der kanarische Cardón (Euphorbia canariensis) ist auch einheimisch Pflanze, jedoch verbreiteter als der Cardón von Jandía (handiensis) und bedeutend größer (bis 2 m hoch und 8 m breit). Er hat die Form eines mehrarmigen Leuchters, ein satteres grün und kürzere Stacheln. Die Vegetation zwischen den Cardones ist reicher, denn dort wachsen Arten wie Espina blanca, Tasaigo oder Cornical (s.o.), geschützt gegen das Abfressen durch die Ziegen. Oberhalb der Cardones kann man Süßwasserquellen vermuten, denn dort wachsen Palmen und die Vegetation ist sattgrün. Nach einer Wegkrümmung sieht man das Haus der Familie Winter unter der Degollada de Cofete. Die Piste führt am Bauernhaus vorbei und endet im Cortijo de Cofete, nach 1,5 Km. Man fährt nicht diese Piste weiter, sondern nimmt die Abzweigung beim Bauernhaus in Richtung Küste, die durch Dornengestrüpp zum Strand von Cofete führt. Bevor man an den Strand kommt, fährt man durch große Dünen, die in der weiter oben erwähnten Vegetation verankert sind. Man kann einen Spaziergang am Ufer bis zur kleinen vorgelagerten Insel (ca. 3 Km) machen, den man bis auf 11 Km ausdehnen kann, wenn man den Weg zwischen der Punta Paloma im Norden und dem Roque del Moro im Süden zurücklegt. Die große Muschelschale auf der Spitze der kl. vorgelagerten Insel zeugt von der Bedeutung, die diese an Meeresfrüchten reiche Küste für die Majoreros hatte.

Die Route endet bei Morro Jable, wohin man kommt, wenn man denselben Weg zurückfährt, den man gekommen ist.

ISLA DE LOBOS

LÄNGE	DAUER	SCHWIERIGK
7 Km	6 1/2 St.	leicht

Anfahrt: Vom Hafen von Corralejo fährt um 10.00 h ein Glasbodenschiff ab und um 16.00 h zurück.

Beschreibung: Lobos ist eine kleine, 6 Quadratkilometer große Insel, die in der Meerenge von La Bocaina liegt, die Fuerteventura und Lanzarote trennt. Nach Untersuchungen von fossilen Ablagerungen eines erhöhten Strandes (1-2 m) hat man das Alter der Insel auf 6000-8000 Jahre festgelegt. Bis 1968 lebten auf der Insel nur der Leuchtturmwart und seine Familie. Diese Abgeschiedenheit hat es möglich gemacht, daß sich bis auf den heutigen Tag eine der schönsten Küstenlandschaften der Kanarischen Inseln erhalten hat, die heute unter Naturschutz steht. Das Verhalten des Besuchers sollte sich diesem Botanischen Garten auf Vulkanasche mit einer hochinteressanten und reichen Flora, Fauna und Meeresfauna anpassen.

Wenn man Lobos besuchen will, muß man einige wichtige Aspekte vorher überdenken: Es gibt keine Übernachtungsmöglichkeiten und wenn man campen will, braucht man eine Genehmigung, die man im Rathaus von La Oliva bekommen kann. Man kann Essen mitnehmen oder in der Kneipe El Puertito essen, jedoch muß man das Essen gleich bei der Ankunft vorbestellen. Alle Abfälle müssen wieder mitgenommen werden (Mülltüten!). Was Ausflüge betrifft, sollte man die vorgegebenen Wege nicht verlassen. Das Mitnehmen von Proben und von Spezies jeglicher Art ist streng verboten. Das Fischen ist nur mit Angel und Angelhaken erlaubt; Gebiete und Mengen sind festgelegt. Man sollte auf jeden Fall die Vogelkolonien nicht belästigen, besonders in Zeiten der Brut.

Man fährt vom Hafen von Corralejo los und überquert den Río (= Fluss, Name für die Meerenge), der hier nicht tiefer als 10 m ist. Ein neuerer Vulkan (Serie IV) und dessen Ausstöße haben die Insel gebildet. Der Krater (Caldera, Höhe: 110 m) liegt in der gleichen Linie wie einige Vulkane auf Fuerteventura (NO-SW) wie z.B. der Bayuyo an der Nordküste der Insel. Hinter dem Jable von Corralejo sieht man die Montaña Colorada, Calderón Hondo, Caldera Encantada, Bayuyo etc., die aus derselben geologischen Epoche wie Lobos stammen.

Nachdem man an Land gegangen ist, nimmt man den Weg, der an der Ostküste entlangführt, Richtung Casas del Puertito. Man kommt in ein Malpaís, das sich aus Lava und Vulkanasche zusammensetzt und ein sehr schroffes Relief aufweist. Auf der Lava kann man eine sehr schöne Ansammlung von Tabaibas dulces sehen, und auf den Steinen ist die grüne Farbe der Aicanes (Flechten) vorherrschend.

Neben den Tabaibas, die hier bis zu 2 m hoch werden, findet man auch andere Straucharten wie Espino, Aulaga und Matamoros (s.o.). Wenn man nahe beim Bauernhaus ist, kann man an der Küste kleine, seichte Buchten sehen, deren Grund mit weißem Sand bedeckt ist. Diese Buchten dienen den Fischern als Badeplatz und Anlegeplatz für ihre Boote.

Man verläßt die Casas del Puertito und gelangt zur Lagune (La Laguna), eine tonbedeckte Senke, die durch einen Kieselgrund vom Meer getrennt ist. Einige der Pflanzenarten, die man hier vorfindet (immergrüne Pflanzen mit blauen Blüten; Matos) sind daran gewöhnt, längere Zeit in Salzwasser zu überleben, denn die Gezeiten überspülen regelmäßig die Lagune. Um die Lagune herum findet man wieder die typischen Pflanzen, die auf salzhaltigen Böden wachsen (s.o.).

Die Lagune und andere, ähnliche Senken werden von Wandervögeln aufgesucht und sind deshalb besonders empfindliche Biotope. Die Seeregenpfeifer, Reiher u. a. benutzen die Insel nur zum Ausruhen und zur Nahrungsaufnahme. Andere Arten wie die Bulwersturmvögel und Möven nisten auf Lobos.

Wenn man die Lagune verläßt, sieht man im Malpaís viele 'Hornitos' (Öfchen). Diese sind kleine Erhebungen, die durch Gasblasen in der Lava entstanden sind. Einige Lavafelder sind mit Sand bedeckt. Diese Sandfelder werden immer größer, je weiter man nach Nordosten kommt, und im äußersten NO hat sich ein kleiner Jable gebildet. In diesen sandigen Zonen finden wir wieder die typischen Pflanzen für diesen Boden, wie z.B. Balancones, Algahuera, Uva de mar, etc.

Vom Leuchtturm aus hat man einen guten Blick über den Süden von Lanzarote mit der Playa Blanca, die Ebenen von El Rubicón und das Massiv von Los Ajaches. Wir verlassen den Leuchtturm und kommen an den Resten eines vulkanischen 'Gebäudes' vorbei, das fast vollständig vom Meer erodiert wurde. Es handelt sich um einen Vulkankegel, der sich aus verschiedenen Schichten aus Lava und Vulkanasche zusammensetzt. Auf den Hängen gibt es eine große Mövenkolonie und manchmal dienen sie auch als Ruheplatz für einen seltenen und majestätischen Raubvogel, den Fischadler (Guincho). Die Gegend wird auch 'die Küche' (la cocina) genannt, wegen des Dunstes, der nachmittags und abends die Hänge hinaufkriecht. Wir kommen an die Südwestküste der Insel, wo wir alte Salinen vorfinden. Im Malpaís hat sich hier eine salzhaltige Senke gebildet, in die das salzhaltige Wasser periodisch eindringt. Abhängig vom Salzgehalt des Bodens können sich um diese Senken herum bestimmte Pflanzen ansiedeln; in diesem Fall sind es Limonium ovalifolium, die 60-80 cm hoch werden und im Frühling mit rosa Blüten bedeckt sind.

Danach kommt man wieder durch einen Jable und gelangt schließlich zur Bucht (La Caleta), einem wunderschönen, seichten Strand. In der entsprechenden Jahreszeit kann man das Baden mit dem Beobachten der Seevögel an der Punta del Marrajo verbinden. Von hier aus kehrt man zum Ausgangspunkt der Route zurück und schifft sich ein, um nach Fuerteventura zurückzukehren.

PUNTA MARTIÑO
FARO
CALETA
DEL VINO
PLAYA DE
LA ARENA
MORRO DE FELIPE
CALETA
DEL PALO
MORRO
COLORADO
LA CALDERA
LOBOS
127
ROQUE
DEL ESTE
MORRO DE
LA MORADA
LAS TRES
HERMANAS
LA CALETA
CALETA DE
LA RASCA
PUNTA DEL
MARRAJO
CASAS DEL
PUERTITO
MUELLE

DIE ROUTE DER WINDMÜHLEN

Die Windmühlen (Molinos), die über die ganze Insel verstreut liegen, sind Zeugen einer langen Epoche der Wirtschaftsgeschichte von Fuerteventura.

Diese Gebäude haben ihren Ursprung in zwei wichtigen Faktoren, einem klimatischen und einem sozio-ökonomischen. Einerseits sind es die Passatwinde, die das ganze Jahr wehen und die im Juli und August, genau nach der Weizenernte, stärker werden und andererseits die wirtschaftliche Vergangenheit der Insel, die lange Zeit auf dem Weizenanbau basierte.

Beide Faktoren bedingen, daß im 17. und 18. Jh. die Kamelmühlen durch Windmühlen ersetzt werden. Später, im 19. Jh. tauchen die ersten sogenannten 'Molinas' auf.

Die Mühlen stehen auf erhöhten Punkten der Insel und geben dem Landschaftsbild der Insel eine typische Note.

Man unterscheidet zwei Arten von Mühlen: Den 'Molino Macho', die männliche Mühle, die aus den Ebenen Kastiliens importiert wurde. Sie ist rund, mit konischem Körper, hat den Mechanismus im oberen Teil, hat ein Spitzdach aus Holz und Blech und ist auf einem Doppelring aus Holz montiert, der es erlaubte, die Mühle mit Hilfe einer Achse oder eines Ruders in den Wind zu drehen. Sie hatte zwischen 4 und 6 Segel und zwei Stockwerke. In einem befanden sich die Mühlsteine, in dem anderen wurde der Weizen aufbewahrt bzw. weiterbefördert. Sie sind normalerweise aus Stein und Kalk gebaut und stehen auf einem Podest, das ebenfalls aus Steinen aus der Umgebung konstruiert ist.

Molino in Llanos de la Concepción

Die 'Molina' ist ein modernerer Typ Windmühle aus dem 19. Jh., der sich in Mechanismus und Bauweise vom Molino unterscheidet. 4-6 Segel, eine horizontale Achse, die auf hölzernen Lagern liegt und die ihre Kraft über ein Antriebsrad auf eine Art vertikale Pleuelstange überträgt, die ihrerseits die beiden Mühlsteine, die

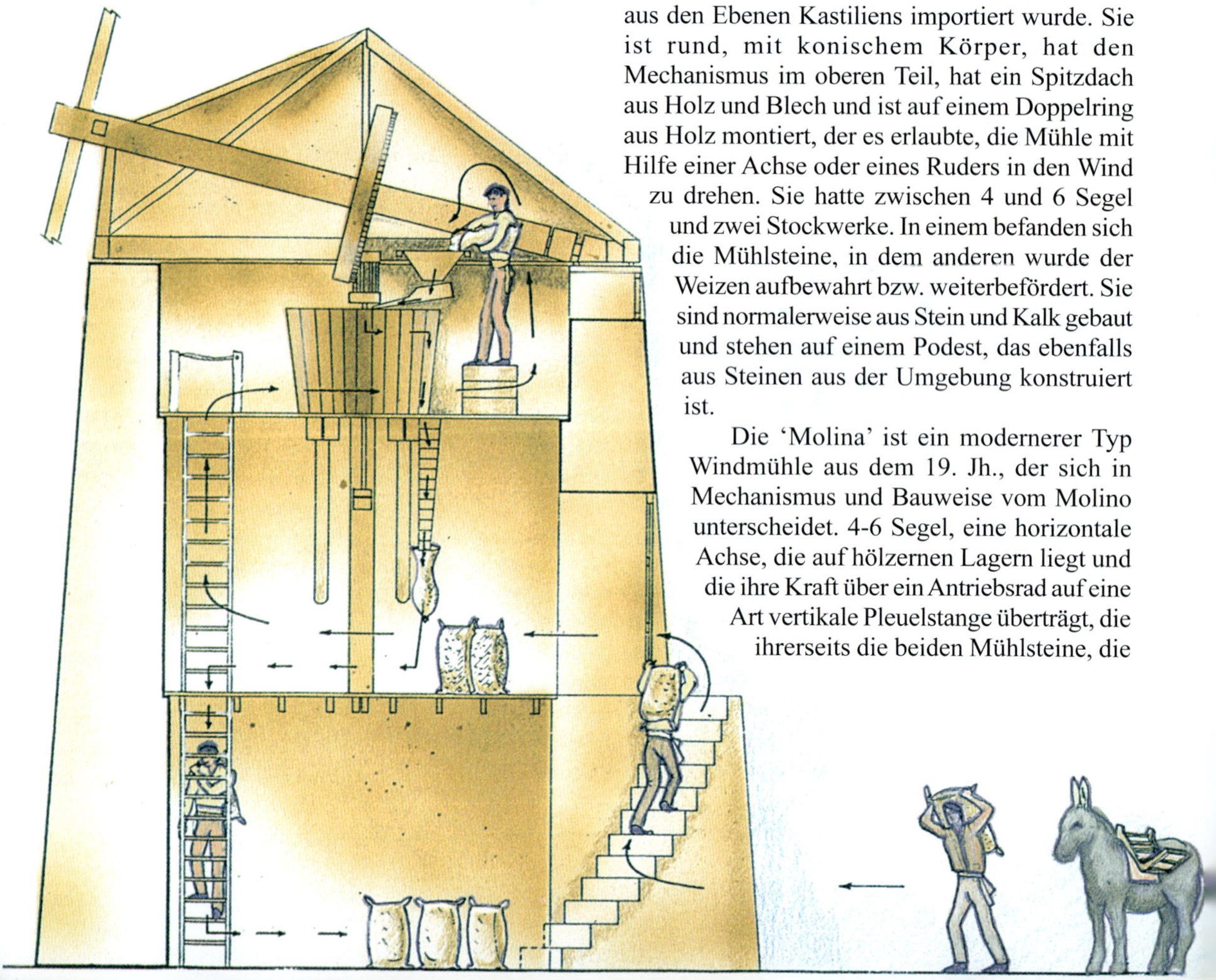

sich auf einem dreieckigen Gestell bewegen, antreibt. Die ganze Struktur stützt sich auf die untere Achse, die mit Hilfe einer Holzstange bewegt werden kann, um die Mühle in den Wind zu drehen.

Die aus Stein und Mörtel gebauten, rechteckigen Mühlen haben nur einen Raum für das Mahlen, und in einigen Fällen haben sie Anbauten für die Lagerung des Getreides oder die Wohnung des Müllers.

Die 38 Mühlen, 23 Molinos und 15 Molinas, sind nicht alle gleich gut erhalten. Die, die Eigentum des Cabildos sind, sind die besterhaltenen. In manchen Fällen wurde die Restaurierung auch durch die örtlichen Geschäftsleute gefördert, wie z.B. in Antigua (Gaststätte, Restaurant, Gärten, etc.). Fast alle anderen sind in einem desolaten Zustand, außer denen in Lajares und Durazno in Antigua, die von ihren Besitzern selbst restauriert wurden.

Eine besondere Erwähnung verdient die Mühle von Tiscamanita, die zusammen mit dem Wohnhaus eine harmonische Einheit von großer Schönheit formt. Es ist ein altes Gebäude, das in der traditionellen U-Form um einen Patio herum gebaut wurde, mit zwei Stockwerken, deren Fenster zur Fassade hin zeigen. Im Patio gibt es eine Außentreppe, die zum oberen Stockwerk führt. Das ganze Gebäude ist aus Naturstein gebaut und seht gut erhalten.

Molino in Valles de Ortega

Molina in Puerto Lajas

Die Route schließt die 13 besterhaltenen Mühlen ein, die mit einer Ausnahme, der von Puerto Lajas (6 Km von Purto del Rosario), alle an derselben Landstraße liegen. Die letztgenannte wurde in die Route aufgenommen, denn sie ist die einzige „Molina“, die nach ihrer Restaurierung in perfektem Zustand ist. Die von Corralejo wurde trotz ihres schlechten Zustandes aufgenommen, weil die Route hier beginnt und wieder aufhört.

Die 13 Mühlen, in chronologischer Reihenfolge der Route, sind die folgenden:

1. Molina von Corralejo. Im Dorf.
2. Molino von Corralejo. Im Dorf.
3. Molino von El Roque.
4. und 5. Molinos von Villaverde.
6. Molino von Tefía.
7. und 8. Molinos von Llanos de La Concepción.
9. Molino von Antigua.
10. und 11. Molinos von Valles de Ortega.
12. Molino und Bauernhaus von Tiscamanita.
13. Molina von Puerto Lajas.